JN168269

流しの公務員の冒険

霞が関から現場への旅

常滑市副市長
山田朝夫

まえがき

「ところで君はあの男をどう思ってたかね?」

「私にはよくわかりません…」

「すごいよ…」

「は?」

「すごいよ、あいつは。」

「すごい?」

「私も最初はわからなかった…　あの男は自分のためには嘘をつかないんだ。」

「…」

「そのかわり人のためなら平気で嘘をつく。その嘘にすがって人が本当に動く。嘘が真実《ほんとう》になるんだ。」

「なぜです?　なぜそんなことが…」

「このところ、そのことばかり考えているんだが…　わからん…」

(毛利甚八・作　魚戸おさむ・画『家栽の人』第12巻より)

コミック「家栽の人」終盤の一場面。出世コースと裁判官のあるべき姿との狭間で悩む若手判事と上司の支部長との対話です。「あいつ」とは、主人公の桑田判事。何度も持ち上がる「栄転」の話を全て断り、小さな裁判所を転々とする「スーパー裁判官」。わたしのあこがれの人です。

わたしは、昭和61年に当時の自治省に入省した、いわゆるキャリア官僚でした。鹿児島県、衆議院法制局、自治省選挙課、大分県、自治大学校での勤務を経て、35歳で一大決心。原作者・毛利甚八さんの「嘘」にすがって、霞が関を捨て、「流しの公務員」への道を踏み出しました。そしてその後、大分県久住《くじゅう》町、同県臼杵《うすき》市、愛知県安城市、同県常滑《とこなめ》市と、日本を旅しながら仕事をしてきました。

「流しの公務員」とは、「各地を渡り歩き、求めに応じて、単身、地方行政の現場に飛び込み、関係者を巻き込み、その潜在力を引き出しながら、問題を解決していく『行政の職人』」を意味するわたしの造語です。

「冷えた体を温めるには、手先足先から」。心臓の動きをいくら強めたり速めたりしても、効果はありません。霞が関に優秀な人材を集め、いくら素晴らしい政策をつくっても、それが現場できちんと実施され、効果が上がらなければ、日本はよくなりません。

この本は、「流しの公務員」になることを目指して現場に飛び出した元官僚の「仕事をめぐる冒険」の旅の記録です。これまでの数々の体験の中から、「死人病院」と陰口をたたかれた常滑市民病院の再生、行政官としての基本技術をたたき込まれた霞が関での日々、仕事の流儀を磨いた大分県久住町での実践、人としてのあり方を変えてくれたトイレ掃除との出逢いについて書いたあと、「仕事とは何か?」について考えてみました。

民間でも公務員でも、大きな組織の「人事」やいろいろなしがらみにとらわれて、自分の仕事が十分にできないでいる方々。そんなみなさんのお役に立つことができればうれしいと思っています。

山田　朝夫

目次

第2章　霞が関の憂鬱……153

第3章　流しの公務員の誕生……179

第4章 トイレを磨く……231

終章 流しの公務員「仕事の流儀」……255

あとがき

おまけの物語

序章

「自分の仕事」をつくる

壮行会での出来事

1986年6月末、わたしが自治省（現在の総務省）に入って3カ月目のことです。見習いを終え、最初の赴任地、鹿児島県に出ることになりました。麹町会館というところで、立食の壮行会が開かれました。同期は全員、そろって地方に出ます。

自治省幹部も含め100人ぐらいが出席し、送ってくれます。出て行く若手が並んでいて、1人ずつ、「どこへ行く誰々です」と挨拶《あいさつ》させられる。

ところが、会場はザワザワして、誰も挨拶を聴いていません。

その日は自治省の定期人事異動が内示になった日だったのです。みんな、若手の壮行会どころじゃない。自治省の場合は地方に出る人、戻る人、中で動く人などいろいろなので話題は豊富です。どこも、人事の話で盛り上がっています。

わたしはちょっとムッとしました。そりゃ、人事は大事かもしれないけど、一応今日は壮行会です。先輩だけど失礼だなと思いました。山田の「や」だから最後の方なのですが、順番になったので開口一番、

「ご歓談中失礼いたします！」

と言って始めました。みんな「えっ！」という感じで少し静かになった。

後から採用担当の先輩に、「山田君の挨拶はおもしろかったな」って言われました。何となく嫌な感じを抱きました。「何でみんな、あんなに人事のことに興味があるのだろう？」。

わたしは、人事とか出世とかにはあまり興味がありません。「いい人と一緒に働きたいなあ」とはいつも思っていますが、「人事」にとらわれるような人生だけは歩みたくない。人事より、「行けと言われた先でどんな仕事をするか」の方が大事だと思っています。

人は誰でも人事のことばかり考えると、自分の身を守りに入ります。仕事の本来の目的よりも上司の顔色が気になる。本心では「どうかな？」と疑問を持っても、組織のために「美しい政策」をつくりあげてしまう。

「組織」というものは、最初はある「目的」を達成するためにつくられるのですが、一度できてしまうと、その目的よりも組織自体を維持発展させる（予算を多く獲得するとか、定員を増やすとか）方を優先させるという「本末転倒」を起こします。そして、「人事大好き人間」はその片棒を担ぎがちです。

「仕事」とは「事」に仕えるのであって「人」に仕えるのではない。わたしは、当時も今もそんな思いを持っています。

「自分の仕事」をつくる

88年に鹿児島から東京へ戻り、衆議院法制局や自治省選挙課に勤務しました。わたしの公務員生活で、霞が関で働いたのはこの3年4カ月だけです。

特に選挙課時代は、「一生分働いた」と言っても過言でないような激務でした。衆院選挙を中選挙区制から小選挙区比例代表並立制に改正する法案作成でした。1年4カ月の間、平日に自宅で夕食を食べたのは3回。土日もほとんどなく、1週間で睡眠時間が計4時間という時もありました。人間は1週間なら眠らなくても生きていけると知りました。

20代のわたしは「3日で法案を仕上げろ」という総理とバナナの叩き売りのような問答をして1週間に延ばしてもらったり、「選挙区の区割り案を見せろ」と夜やってくる議員をいなしたり…。エキサイティングではありますが、忙しすぎる日々を送りました。

与えられた仕事を何のためにやっているのか、本当に誰かの役に立っているのか、考える余裕もありませんでした。そんな事を考えていたら仕事が終わらないし、もし仕事の意味に疑問でも抱こうものなら、モチベーションが維持できないのは明らかでした。選挙課の同僚とは、半ば自虐的にこんな合言葉を囁《ささや》き合っていました。

「重い荷物を背負った時は、下を向いて歩け」

この後勤務した大分県で、平松守彦知事の指示で久住《くじゅう》町（2005年、竹田市と合併）という人口4700人の自治体に通うようになり、わたしは「現場」の仕事に魅了されました。大きな制度をつくる国の仕事は大事だとは思いますが、自分のやったことの手応えがリアルに感じられる仕事の方に興味が向きました。上司に久住町勤務を嘆願すると、「いったん東京に帰って頭を冷やせ！」ということになりましたが、1年後に一般職として出向させてもらいました。キャリア官僚が町の一般職になるのは初めてでした。

それ以後、わたしは「流しの公務員」を自称し、「仕事をめぐる冒険」の旅に出ました。ご縁のあった大分県臼杵市、愛知県安城市、常滑市から誘われて勤務しました。そして、気がついてみると、旧自治省の同期入省者と比べてみても、かなり風変わりな、おそらく前例のない仕事人生を歩んできてしまいました。

はたして、これまで自分はいったい何をやりたかったのだろうか。この本を書くにあたって改めて考えてみました。

結論として思い至ったのは、「『自分の仕事』をつくる」ということです。「あなたの仕事は何ですか?」と問われたら、「公務員です」とか「銀行員です」とか「左官です」とかではなく、「わたしの仕事は『山田朝夫』です」と答えられるようになりたい。ちょっとカッコつけ過ぎかもしれないけれど、そんな感じです。

「仕事」とは何か?

1996年、大分からいったん東京に戻り、自治大学校(地方自治体の職員に研修を行う総務省の機関)に勤務していた時、某県の研修所が作った「問題解決能力研修」のテキストを読んで目からうろこが落ちた気がしました。こんなことが書いてありました。

「仕事とは問題を解決することである。問題とは、あるべき姿と現状のギャップである。問題には、見える問題、探す問題、つくる問題の3種類がある」

「何でこんな重要なこと、もっと早く教えてくれなかったんだ!」と、わたしはその時思いました。ただ、問題は、「現状」も「あるべき姿」も日々刻々と変化するということです。なので、解決方法は、その都度、その場に応じて変えていかねばならない。

組織経営というのは、過去に作られた経営計画をそのまま進めることではありません。

計画を状況の変化に適合するよう変更しつつ、上手く組織を運営していくことです。

「公務員」の仕事は、民間に比べて、極めて厳格に、法令などで枠がはめられています。地方自治法や地方公務員法などの地方行政に関する法制度は、終戦後に制定されて以来、その骨格はほとんど変化していないように思います。

しかし、終戦当時とは「現状」も「あるべき姿」も変化しているはずです。法や組織は、本来、問題解決のツールであるはずですが、状況の変化に伴い、既存のツールでは解決できない問題が生じている。

「自分自身が、現状に合った解決ツールとなれないだろうか？」

その問いへの自分なりの回答が、町や市を渡り歩き問題を解決する「流しの公務員」でした。そして、組織や上司のためではなく、仕事そのものに集中していい仕事をする。「人」に仕えるのはなく「事」に仕える。その辺りに「自分の仕事をつくる」ポイントがあるのではないかと思っています。

問題解決のポイント

わたしは、問題解決に当たって、次の点に気をつけています。

① 問題の本質から逃げない
② どこがゴールかをはっきりさせる
③ 関係者を巻き込み、その気になってもらう

大抵《たいてい》の場合、①はとても勇気が要ります。本質は根が深いので、下手に手をつければ「パンドラの箱」のように災いが噴き出しかねない。頭のいい人は、「本質的問題を解決するのは無理だ」と最初から見越してしまい、それを見て見ぬふりをして、周辺の2次的原因を除去してお茶を濁そうとします。一見成果が上がったように見えますが、結局、問題の本質は解決しません。

地域再生のために若手官僚が市町村に派遣されるようになりましたが、任期は2~3年だと思います。このような短期間で、問題の本質を見出して解決するのはかなり難しい仕事です。「任期中に何らかの結果を出さねば」と思うと、問題の本質には切り込みにくい。

②について、真面目で慎重な人は、達成可能な低い目標を設定しがちです。大目標に到達する途中経過として段階的にハードルを上げていくのなら良いのですが、最終ゴールは、中途半端なものではいけないと思います。

③は、公務員が最も苦手とするところで、この本の大きなテーマです。そもそも行政（お上）は権力的な性格を持っています。住民や関係者の協力なしに実現できない仕事でも、自分たちだけで計画を決めて、一方的に説明して協力させよう（従わせよう）とする。でも、人間は、他人が考えたことには主体性を持って取り組みにくいものです。だから、自主的・主体的な協力を得るためには、計画を立てる段階から関係者を巻き込まなければならない。多くの関係者を集めれば集めるほど、意見は様々ですから、まとめるのに大変手間がかかる。でも、結局はどこで手間をかけるかなのです。最初に手間をかけておけば、後がスムーズです。計画段階で楽をすると、実施段階で手間取ることになります。

民間でもお役所でも、日本の物事の決め方はトップダウンが多い。わたしは、みんなの意見をきちんと聴き、議論をして、合意をつくっていくことを心掛けています。

ワークショップという手法

これまでの経験から、「ワークショップ」（参加体験型グループ協議の場）を開き、わたしが、それが円滑に進むよう中立の立場から「ファシリテーター」（調整役）になるという「巻き込み」の手法は効果的でした。

わたしは町や市の当局に属しますが、「バイパスをどのようなルートでつくるのがいいか」とか、「公民館の設計はいかにあるべきか」とか、「赤字の市民病院を潰してしまった方がいいのか、新築して再生した方がいいのか」というような問題について、一切意見を持たない存在になります。参加者に十分情報を提供し、退屈になりがちな会議に毎回「楽しみ」を仕掛ける。専門家を連れてきて対話してもらったり、現場の見学ツアーを織り込んだりしながら、話し合ってもらいます。そして、自然に意見がまとまるのを待ちます。「じれったい」「そんな学級会みたいなことがうまくいくはずはない」という突っ込みが入りそうですが、この本を読んでくだされば、やり方次第で上手くいくことが分かります。

この手法の最大の長所は、こうして決めると、関係者がみな自分の仕事として主体的に取り組んでくれるようになることです。

やらされている方の身になってみたら、自分が関わらないところで決められて、「これをやれ」と言われたら、それはただの「作業」です。「仕事」と「作業」とは違う。現状をあるべき姿に持っていくという「目的」意識を持ってやるのが「仕事」で、例えば、単に「ここにあるものをあちらへ書き写す」というのは作業です。誰かに「仕事」をしてもらうためには目的・目標の決定に関わってもらうのが効果的です。

わたしは、民間病院で働いたこともありますが、民間企業でもこの手法は使えます。民間企業は、モノやサービスを提供して対価を得ていますが、従業員が主体的に自分の作業をやっているかどうかでお客様の評価は全く違います。評価が高ければ、リピーターが増え、モノが売れ、価格も上がります。そのためには、決定プロセスへの従業員の参加は重要です。最近は、顧客をモノやサービスづくりのプロセスに巻き込む企業も増えています。

仕事の楽しさ

市や町で新採職員の面接を20年近くやってきました。受験生に「なぜ市役所（役場）で働きたいの？」と尋ねると、必ず「市民（町民）のために働きたいから」という答えが返ってきます。でも、採用後に改めて尋ねると「公務員は安定しているから」と答える人が8割くらいです。「仕事は面白くないけれど、5時に帰れる。給料はさほど高くないけど、安定した生活が保障されている」というのが地方公務員のイメージです。

多くの市町村職員は仕事を面白がっていないように見えます。守りに入って前例を踏襲し、一歩進んで住民に喜んでもらおうとしていない。むしろ「つまらなくやるのが公務員の仕事なのだ」と思っているようです。

しかし、「流しの公務員」の経験から、現場の仕事は、やりようによってはとても楽しい。小さい自治体であればあるほど、住民に直接喜んでもらえる仕事ができます。

住民の意見を徹底的に聴きながら、小さな公民館をつくった時、普段は辛口の住民のおじさんから「公務員冥利《みょうり》に尽きる」言葉をいただきました。

「あんたに乗せられて、何度も話し合いに出て、いろいろ意見を言わされて、でもどうせわしらは言うだけ、あんたらは聞くだけと思うちょった。でも、実際こうして出来てみると、この建物には、わしらの意見がよう取り入れられちょる」

「流しの公務員」には失敗もありました。当時の同僚や上司や住民の皆さんには本当にご迷惑をおかけしました。でも、人間は失敗を糧に少しずつは成長していくもののようで、わたしも経験を積むうちに、徐々に失敗の回数が減ってきました。最近手がけた愛知県の常滑《とこなめ》市民病院の経営改善と新病院建設の仕事では、過去の成功や失敗の体験を大いに生かすことができました。

まずは、その話から始めてみたいと思います。

第1章

病院再生

新・常滑市民病院設計ワークショップ

動かす

酒は災いの元？

「山田先生、お元気ですか？」

「流しの公務員」としての三つ目の自治体、愛知県安城市に勤めていた2008年1月、同じ愛知県の常滑市長に当選した片岡憲彦さんから電話がかかってきました。

片岡さんはわたしより七つ年上で、53歳で市長になりましたが、わたしが1995年に自治大学校で教えていた時、常滑市から研修生として派遣されていました。なので、何年たっても、わたしは「先生」なのです。

「あれから10年以上ですね。遅ればせながらご当選おめでとうございます」

片岡さんは、バタバタで市長になったので、後援会ができたのが選挙後になった。発足式で、わたしに前座で何かを話してほしいと頼まれ、引き受けました。

自治大学校で学んでいた頃の片岡さんは市の係長級。元気で目立つ人でした。

その後、常滑市に戻り、保健衛生や保険年金、商工観光などの仕事をしていました。自治労愛知県本部に出向し、書記長を務めていたこともあります。そのうち、前任の市長が辞めることになった。後継者として手を挙げたのが3人。片岡さんはその顔触れを見て、

「この3人のどの人の下でも働きたくないな」

と思ったそうです。

同じ思いの市民がある居酒屋に集結して「他に誰かいないか」と考えた。「そうだ、片岡がいるじゃないか！」という話になって、呼び出されたらしい。片岡さんはその場で引き受けました。

「奥さんは反対しませんでしたか？」と後で訊きました。片岡さんの奥さんは「あなたは、組合の県本部から帰ってきて以来、ずっと詰まらなそうな顔をしていた。まあいいんじゃないの」と言ってOKしてくれたそうです。

それで出馬表明は遅かったのですが、当選しちゃった。

後援会発足式で、わたしは「市長はつらいよ！」という題で話をしました。「市長の本当の仕事は市の経営なんだけど、行事や挨拶の仕事が多すぎる。後援会のみなさんは、地区や個人の行事に市長を引っ張り出して、貴重な時間を奪うようなことをしないであげてほしい…」。そんなことを話しました。

その後一度、市長と常滑の居酒屋で飲みました。その時、酔っ払ったわたしは「この町の焼き物産業遺産は面白いですね。わたしを観光課長に雇いませんか」と言ったらしい。はっきりと覚えていません。

酒は災いの元というか、しばらくして市長から電話がかかってきました。「あの時の約束を覚えていますか？」。名古屋市金山の鳥料理屋に呼び出され、頼まれました。

「市民病院の建設をやってほしい」

当時、安城市の任期は終わりかけていました。わたしは「流しの公務員」を続けるつもりでした。ちょっと遠くの自治体から話はありました。ただ、当時、東京の母親ががんで入院し、これからは頻繁に上京しなければならないと思っていました。母からは常々「遠いと親の死に目に会えないわよ」と言われていました。

総務省には、わたしのやっていることを面白いと思ってくれる人もいて、以前から「お前これからどうする？　ずっとこのまま『流しの公務員』をやるならそれはそれで手だな。おそらく需要はあるから、そういう話があったらキープしておいてやるわ」と言ってくれる人もありました。

一方、わたしみたいなのは組織の規律を乱すと考えている人もいます。その方が普通の考え方です。その時の人事責任者からは「君に世話する職はないよ」と言われていました。

母親のがんのことで、医療や病院についてもいろいろと考えていたので、「片岡さんの話を受けてみよう」と決めました。

「あなたのことはみんな見てますよ」

常滑市は愛知県南西部、知多半島の西岸にあります。古くから陶器の産地として知られ、煉瓦の煙突、古い窯がある街。窯も煙突も今はほとんど使われていないので、ちょっと廃墟っぽい感じもします。2005年にオープンした中部国際空港は、常滑の新しい顔です。

2010年4月に常滑市参事に就任しました。

わたしは新しい自治体に赴任した時には、議員の自宅に挨拶まわりをするようにしています。自宅に行くと普段の生活が分かるし、地域の様子も分かる。議員がどんなバックラウンドを持っているかを知っておくことは、その人の発言や行動の意味を理解するのに大いに役立つ。たいていの議員は「自宅まで挨拶に来てくれた」と悪い気にはならないものです。議員のほか主要団体をまわりました。鬼崎漁協でお土産にもらった海苔がおいしかった（後で「知る人ぞ知る名品」だと知りました）。

全国紙の地域面に「常滑市、キャリア官僚を厚遇スカウト」という記事が出ました。安城市の副市長の時と比べて、給料は数百万円減っていました。

書いた記者を昼飯に誘ってみました。彼は
「すいません。見出しはデスクがつけるんです」と言い訳しながら、「あなたのことはみんな見てますよ。お手並み拝見ですね」と言ってニヤリと笑いました。何か、冷たいものを感じました。

「ああそうか、そういう風に見られているんだ」と思いました。

後にこの記者からは
「前にいた安城市はお金持ちの市なので、あなたはあまり実力が発揮できなかった。だけどここで病院をちゃんと建てられるかどうかで、あなたの評価が決まる」

とも言われました。

確かに、常滑市は安城市ほど裕福ではありません。ただ、決算データを見る限りでは、財政力指数は1を少し超えている。これは標準的な行政需要の財源を国に頼らず自力で稼げるということです。経常収支比率は90％。経常収支比率というのは「地方税、普通交付税など自治体が自由に使える財源」に占める「人件費や維持管理費、公債費など毎年決まって出ていくお金（経常経費）」の割合のことです。家計で言えば「エンゲル係数」のようなもの。残り10％は余裕があるということです。悪い数字ではない。

確かに借金は多い。でもこれは、経験上、少しずつ返していけば何とかなる。「問題は病院だけだな」と思いました。当時の病院は、人件費比率が70％近かった。ちょっと職員の給与をカットすれば、毎年の赤字は簡単に縮小できる。新しい病院を建てるなんてめったにできることじゃない。楽しそうだ。

しかし、それが甘い考えであることが分かるまで、そう時間がかかりませんでした。

とんでもない重荷を背負う

「何か変だな」とは感じていました。財政力指数や経常収支比率はまあまあなのに、抱えている借金の総額が、財政規模の2倍もあります。

各部の事業説明を受け、最後が財政説明でした。総務課長補佐の話を聞いて唖然としました。「今後毎年10億円の財源不足の状態が続く」という内容。予算規模200億円弱の人口5万5千人の市が、毎年10億円のお金が足りないというのは尋常ではありません。

どうしてそういうことになるのだろう？

よくよく話を聞いてみると、過去の「負の遺産」の仕業でした。ある意味「粉飾決算」と言ってもいいでしょう。多額の経常経費的な支出を投資的経費（道路や建物など社会資本の整備にかかる経費）に「付け替え」していたのです。

例えば、過去に農地の土地改良（圃場《ほじょう》整備）事業を実施した時、本来なら持ち主が負担すべきお金を市が肩代わりする約束をしていた。それが毎年4億円ぐらいありました。これは実質的に借金の返済と同じで経常経費です。だけど「農地の改良費だから建設事業費」として、投資的経費の方に分類しちゃう。経常経費からは除外されます。

ほかにも、決算書からすんなり読み取れない「負の遺産」がたくさんありました。実態は隠されていたけれど、財政再生団体になった夕張市の一歩手前と言ってもよかったのです。

過去、常滑市の一般会計は、最大時に年間40億円の競艇事業からの繰入金がありました。潤沢な歳入を背景に、声の大きい議員や市民、各種団体の求めに応じ、各種の補助金や助成金を作った。身の丈に合わない公共施設や保育所などの福祉施設もたくさん造りました。補助金獲得の努力も怠ってきた。

バブル崩壊以降、競艇収入は激減しました。にもかかわらず、常滑市は支出構造を変えませんでした。危機を感じ始めていた頃、常滑港沖に中部国際空港を建設する計画が持ち上がりました。「空港が来れば何とかなる！」。市長以下幹部はそう信じ、空港建設関連の公共事業を大規模にやりました。遅ればせながら、公共下水道工事にも着手した。そのことが、結果的に財政状態を著しく悪化させたのです。

市幹部には誤算もありました。

空港ができるまで、常滑市は地方交付税の交付団体でした。普通交付税として、標準的に自治体が必要とするお金（基準財政需要額）から、税収の目安となる金額（基準財政収入額）を引いた額（財源不足額）がもらえます。

競艇の収入は基準財政収入額に算入されないので、いくら入ってきても交付税が減らされません。特別ボーナスのようなもので使いたい放題でした。

ところが、空港関係の税収は、大部分が基準財政収入額に算入されますから、収入が増えてもその分交付税が削られます。空港関連収入はかなりありましたが、ピーク時の競艇収入を補うまでには至りませんでした。

それに加えて、基金も全くなかった。歴代の財政担当幹部は、若手職員が余剰資金を基金に積もうと提案すると、言ったそうです。

「心配するな。ボートがコースを一周回ってくれれば、お金がチャリンと落ちるんだ。貯金なんかしなくていい。使え、使え」

緊急の支出が必要な時には、どうするつもりだったのでしょう。

普通に考えれば、状況は深刻だったはずです。しかし、わたしには、当時の市長や幹部は深刻な状況を見て見ぬふりをしていたのだとしか考えられません。若手財政担当者の進言は受け入れられず、結果として、彼らはその場しのぎを繰り返さざるを得なかった。進言を受け入れるということは、幹部が失敗を認めるということです。それをしたくなかったのでしょう。

さらに、職員や市民には、危機的状況がきちんと知らされていなかった。職員は「財政は厳しい厳しいというけど、毎年予算は組めているし、自分たちの給料は下がらない。まあこのままで大丈夫だろう」と思っていたそうです。深刻な危機感はありませんでした。

わたしに財政の説明をした総務課長補佐は、7年間にわたり、危機的な財政のやり繰りをしてきました。彼は、わたしの反応を慎重に見定めながら、こんな状況を少しずつ語ったのです。すべてを聞き終わり、わたしが

「…大変だったでしょう」

と声を掛けると、こわばっていた顔面から緊張が一気に抜けていくのが見て取れました。それは、「やっと分かってくれる人が聞いてくれた」という安堵《あんど》だったかもしれません。

誰にも聞く耳を持ってもらえず、彼は重い荷物をずっと一人で抱えていたのです。そして、その重荷を、今度はわたしが背負ってしまうことになりました。

財政悪化の最大の要因は、市民病院でした。収入が年40億円程度なのに、7億〜8億円の赤字を出し続けていました。一般会計は、苦しい台所事情の中から繰出金を捻出し、病院の経常赤字の補てんを試みていましたが、完全には補いきれず、病院会計には、累積債務が約15億円生じていました。

「これでは新病院建設どころの話ではない。このまま放っておくと、一般会計が倒れてしまう。親亀がこけたら子亀もこける。まずは市の一般会計をどうにかしないと…」

頭がクラクラしました。

悪夢

どこかに財源はないか？　決算資料を見ているだけでは見つけられません。どの市役所でも、予算を作成する際、各課は財政担当課に予算要求書を提出し、財政担当者が赤ペンでそれを査定します。そこから見直してみないと財源は見つからない。厚さ10センチほどある査定資料を8冊ほど5階の会議室に運んでもらい、1冊ずつ調べ始めました。

そこで、さらに不都合な真実を発見しました。財政担当者は、優先順位の低い事業を廃止することなく、それを存続させたままで、事業費を毎年5〜10％ずつカットするという査定をしていました。

こういう査定の仕方が一番悪いのです。そんなことを数年続ければ、予算が足りず、とてもまともな事業はできないし、かといって仕事は減らない。職員の負担ばかりが増え、やればやるほど市民の不満を買うことになります。

最初のうちはムダが削れていいこともあるのですが、スリムになってもまだそれをやっていくと、もうマイナスにしかならない。10％ずつ3年削っていったら約30％です。こんなことやるより、事業そのものをやめることにした方がいい。

「こりゃ、まいったな」

なすすべがありませんでした。夜、布団に入っても、なかなか寝付けない。財政のことを考えるのですが、出口は見つかりません。ある深夜、「どうしたの？」という妻の声で目が覚めたことがありました。うなされていたようです。

「10億円足りないんだ」

「うちは足りてるわよ」

「いや、うちじゃないんだ。常滑市が足りないんだよ」

「あんまり思い詰めると、鬱《うつ》になっちゃうわよ」

どうやら、夢の中でも計算していたらしい。そんな夜が続きました。

わたしは、引き続き安城市に住み、車で1時間かけて常滑に通勤していました。市役所に行っても状況はひどいし、どうやったらいいか分からない。

市長と一緒に大学の教授に「病院に医師を派遣してください」とお願いに行っても、「おたくに派遣するような余裕はない」と言って断られる。このまま続けていたって、出口もないし…。それでも、朝になると目が覚めてしまう。そうすると、行かなきゃいけない。

「行くの嫌だな」と思います。こんなことは生まれて初めてです。早朝、通勤の車の中から、田んぼのあぜ道を犬を連れて散歩しているおじさんが見えました。「気楽そうでいいなあ。俺も犬を連れて散歩したい」。そう思いながら、「ああ、きょうも市役所に着いてしまった…」。とにかく今日一日だけはやって、あしたは辞めようと思っていました。

しかし、そんな中で出口を求めてわたしは試行錯誤を始めます。

事件を起こす——事業仕分け

ともかく問題は大きく深い。財政担当だけでなく、市役所職員全員、議会や市民、みんなにその気になって動いてもらわないと、とても解決しません。

当たり前のことですが、人間社会で起こっていることは、人間の仕業《しわざ》です。人がどう動くかは、人がどう考えるかによります。人の考えは、多くの場合、合理的ではない。いくら論理的に説明して、理解したように見えても、人はその通り動きません。感情で動くのです。社会に出てから、そのことを理解するまでに、長い時間がかかりました。

「正しいことを主張して相手を説き伏せれば、相手は動くはずだ。動くべきだ」わたしは長い間、そう信じてきたのですが、今までそうして人が動いたためしは一度だってありません。経常収支比率が何だとか説明しても、「そうか」と思うけれど動かない。

人の心はどのような時に動くのか。それは「驚いた」時です。予測を超える「事件」が起こった時、初めて人の心は動く。「茹《ゆ》でガエル」状態の常滑市職員と議員、そして常滑市民の目を覚まし、心を動かす方法はないか？　「『仕分け』しかないな」と思いました。

当時、民主党政権下で「事業仕分け」が話題を呼んでいました。自民党政権時代の利益配分型政治とそれと癒着した霞が関の官僚がやり玉に挙がっていました。わたしは、官僚経験者の一人として、複雑な思いで見ていました。事業仕分けの考え方には一理ある。公共事業に無駄があることも事実です。旧態依然とした体質に風穴を開けることは必要です。しかし、二つの問題がある。

一つは、公共事業をいくら削ったところで、大した財源は出てこないということです。公共事業は借金（起債）を財源として実施される。起債を減らしても、当座の一般財源は生み出せない。せいぜい後年度の借金の返済が減るだけです。20年返済とすれば、効果は20分の1。それより、財政を圧迫しているのは一般財源の必要な社会保障負担だということは数字を見れば明らかです。

二つ目は、事業仕分けが「官僚叩き」の場になっていることでした。官僚がやり込められるのを見るのは、一般国民にとって面白いかもしれない。しかし、当時の民主党政権下で、官僚たちは、貝が固く殻を閉じるように、死んだふりをしていました。

市長に事業仕分けの実施を進言しましたが、あまり乗り気ではありません。少し前の議会で、「事業仕分けは必要なし」と答弁していたからです。しかし、そんなことに固執している場合ではありません。わたしは、企画課行革担当の2人の若手職員に協力を依頼し、独自に準備を始めました。

わたしが「事業仕分け」でやろうとしたことは何か。行政の責任追及ではありません（それは、別途やりたかったのですが）。一つは、過去のしがらみから市職員を解き放ち、大胆な事業の見直しや廃止が行えるよう、意識を改革することです。二つ目は、市民に市財政の窮状を理解してもらい、歳出削減に協力する雰囲気をつくることです。だとすれば、仕分け人は市民を中心に構成されるべきです。プロの仕分け人ではない。

問題が一つあります。行政の専門知識を持たない市民には、仕分けの対象になっている事業の「問題点の見極め」と「論点の整理」ができません。それがないと、議論はすれ違い、判定に対する傍聴者の納得が得られない。そこで、やむなく、わたしがアドバイザーという立場で、事前に論点整理と全体のコーディネートをすることにしました。

市民仕分け人は、商工会議所の副理事長以下8名の協力を取り付けました。依頼を受けた方々は、かなり戸惑い、迷ったと思います。事業に廃止の判定をするということは、その事業の受益者である市民の利益を奪うことになるからです。

引き受けていただいた女性の一人は、市内で建設業を営む市民の奥さんでした。道路事業に廃止の判定を出すと、自らの生業に悪影響があるばかりか、同業者からのバッシングも受けかねない。しかし、わたしがその心配を告げると、彼女はこう言ってくれました。

「あなたの説明で、市の財政が大変な状態にあることがよく分かりました。市が破産してしまっては、市民みんなが困ります。自分たちは、空港建設の時にだいぶ儲《もう》けさせてもらいました。今はわが家のことより市のことが優先です」

頭の下がる思いでした。

総務省の人脈に頼り、2名の行政経験者にアドバイザーを依頼しました。一人は名城大学の昇秀樹教授。総務省の先輩で、地方行政研究の大家です。大学キャンパスを訪問すると、「僕は仕分けには反対なんだよね」とおっしゃる。「でも、まあ、後輩の君の頼みとあれば、断るわけにはいかんだろう。ただし、当日は何を言うか分からないよ」。

もう一人頼んだのが現衆議院議員の重徳和彦さんでした。彼は総務省の8年後輩で、愛知県岡崎市出身ということで安城市副市長時代から面識がありました。ちょうどその当時、事業仕分けの事務局となった内閣府行政刷新会議事務局参事官補佐を務めていました。

アドバイザーが事前に論点整理をし、市民と役所の間に入るようなやり方について、彼は「それって本当に『事業仕分け』なのかな。『事業仕分け』って名称を使ってもいいんでしょうかね?」と半信半疑だったのですが、先輩の頼みなので断り切れなかったようです。旧自治省系は体育会系です。

仕分け対象事業の選択は、市企画課の「仕分け事務局」主導で行い、30の事業を選択しました。わたしは、関係部署との事前ヒアリングを行いました。

役人のつるし上げはしたくありません。そこで、答弁席に立たされる担当職員に「仕分け人はおそらくこんなことを聞いてきますよ。こういうデータを揃えておいてください。

本当は、あなたはこの事業をどう思っているのですか。問題があると思っているのなら、改善案を考えておいて、当日提案してください」と根回しをしておきました。

一見インサイダーのようですが、このプロセスがなかったから、国の事業仕分けは「政治ショー」と化してしまったのではないでしょうか。役所の人が「あっ」と気が付いて、自分で動くようにならなければ、仕分けの意味はありません。外圧ではダメなのです。

反省なくしてスタートはない

事業仕分けの必要性を理解してもらうため、総務課長補佐と共同して「財政危機の原因と対策~なぜこうなってしまったのか、どうしたら危機を抜けだせるのか~」というタイトルのパワーポイントの資料を作成し、市の幹部や職員、そして市議会に説明しました。

資料の公表について、片岡市長と副市長は、終始乗り気ではありませんでした。資料には、「リーマンショックなどの外的要因もあったが、結果的に財政運営に失敗した」とのコメントがありました。「もし財政再生団体になると、職員人件費の大幅カットや単独補助金の原則廃止など、大変なことになる」とも述べられていました。

市長は発言しませんでしたが、おそらく、財政状況をあからさまに公開すると市民の不安をあおる結果となることを気にしていたのだと思います。副市長は「前市政を批判することになるが…」との懸念を示しました。わたしは、「やむを得ません。反省なくしてスタートはあり得ません」と譲りませんでした。最後には、2人は諦めた様子でした。

議会では、前市長に近かった議員が予想通り反発しました。

「『失敗した』とは聞き捨てならない。削除すべきだ」

いつの時代も、このようなごまかしが最も悪いのです。わたしは反論しました。

「結果的には失敗したのです。失敗しなければ、こんな状況になっていますか?」

事業仕分けの実施については、議会はおおむね理解した様子でした。議会は仕分けの矢面には立ちません。しかし、実は、「なぜあなたたちはこの予算を認めたのか?」と問われているのと同じなのですが。

重徳さんには無理を言って前日に常滑入りしてもらい、仕分け対象となる施設などを見学してもらいました。現場を見ないで仕分けをするのは無責任だと思ったからです。

彼は、築50年を超える常滑市民病院の外観を見て、「金の使い方を間違えたんじゃないでしょうかね」とつぶやきました。わたしも全く同感でした。

本番でも、仕分け人の態度は行政のつるし上げでなく、議論は建設的でした。行政側からの独自の改善案の提示に対して、アドバイザーが高く評価する場面もありました。

２日間の仕分けでは、消防署空港出張所と市民文化会館などには「廃止」の判定が出ました。終始、神経を研ぎ澄ませておかねばならない作業でした。体の芯《しん》から疲れました。行革推進委員会会長が閉会を告げると、誰からともなく会場から拍手が起こりました。昇教授は「まあ、こういうのもありかな」とおっしゃって、常滑駅を後にされました。

怒る議員、呪縛が解けた職員

当然のことながら、仕分け終了後、様々な反応がありました。

仕分けの数日後、中部国際空港を管理運営する中部国際空港株式会社の副社長から電話があり、社内で消防出張所の「廃止」判定が大問題になっていると告げられました。一週間後、別の副社長が、空港事務所の職員や検疫所長などを連れて市役所に抗議にやってきました。すごい剣幕でした。「とにかく、出張所があることに意味があるのだ」という考え方でした。女性検疫所長（医師）は、痛切な声で訴えました。

「検疫所で倒れた人がいたら、救急隊員がいないと、わたしたちではどうしようもないんですよ！」

市の文化協会の重鎮が市長室にやってきて、「文化会館の廃止とは何事か。責任者は誰だ！」と怒りをぶちまけていかれたらしい。

わたしは不在だったのですが、「これでは常滑の夜道は歩けないな」と思いました。

議会の全員協議会では、古株の実力者議員がこんな発言をしました。彼は、「原則凍結」との判定を受けた道路改良事業の地元議員でした。

「市民仕分け人や市外のアドバイザーが、地元の事情を知らずに、勝手に『凍結』などという判定を出したが、けしからん話だ。仕分けを企画した山田参事はどう考えるのか？」

わたしは次のように答えました。

「先日アドバイザーを引き受けていただいた名城大学の昇教授は、ある講演会で『もし人々が自分の利益のみを求め、全体のことを顧みなくなれば、民主政治は衆愚政治に成り下がってしまう』とおっしゃっていました。先日仕分けの対象になった事業は、すべて『必要な』事業です。しかし、現在の財政状況の下で、必要な事業のすべてを、かつて財政が豊かだった時代のペースで進めていたら、財政が破綻し、結局必要な事業ができなくなってしまう。だから優先順位をつけたり、ペースを落としたりしなければならない。わたしはそう考えます」。

その議員から、反論はありませんでした。彼は分かっていたのです。でも立場上、言わねばならなかったのでしょう。

一方、大部分の市職員は、呪縛から解放された、晴れ晴れとした感じでした。仕分け初日の終了後、副市長が満面の笑みを浮かべて、わたしに歩み寄ってきました。「いやあ、きょうは良かった。あの補助金について、わたしがずっと言いたくても言えなかったことを、仕分け人が代わりに言ってくれた。山田さんが仕分けをやるといった時、私は反対だったが、きょう意味が分かりましたよ。同じことを感じた職員がいっぱいいたはずだ」。「あの補助金」とは「遺族会への補助金」「敬老会への補助金」を指すのではないかと思いました。

わたしにとっては、この感想で十分でした。「大きな一歩が踏み出せた」と思いました。仕分けの翌週から、本格的な「行革推進本部」の活動が始まりました。各課から提案される行革の提案はドラスティックなものばかりでした。「文化会館が廃止できるなら、他にやれることはいっぱいあるじゃないか」。そんな雰囲気でした。

それから年末まで、「行革プラン２０１１」の策定に向けて、延々と議論が続くことになります。ただ、その議論は、堂々巡りにはなりませんでした。それまでは「そんなこと言ってもこの事業はやめられないよな…」と同じところをグルグル回るだけだったと思います。

最終的に文化会館も消防の空港出張所も廃止にはなりませんでした。「そこまでやらなくてもこういう改善案がある」などという提案がたくさん出てきたせいもあります。

仕分けの目的は、事業の廃止・見直しによって財源を捻出することでした。しかし、わたしは、それだけで財源不足が補えるとは思っていませんでした。いずれは、人件費を削って財源を捻出しなければならない。仕分けは職員にその覚悟をしてもらうための「演出」でもあったのです。事業の廃止・見直しでどのくらいの削減額が生み出せるかで、給与カットの額が決まってくる。そこでまた、ひと悶着あるでしょうが、とりあえず、「親亀がこける」という事態は避けられそうになってきました。

そろそろ、本題の「市民病院」に取りかからねばなりません。本来なら、市民病院こそが最大の「仕分け対象事業」だからです。

ゲームオーバー

常滑市民病院は、収入が年40億円程度なのに7~8億円の赤字を出し続けていました。起債の償還も含めて毎年10億円ほどを市の一般会計から補てんしないと病院を存続できません、が、市の財政はこれまで見てきた通りの厳しい状況です。

医師や看護師も不足していましたが、病床稼働率などの基本的なデータも職員の間で共有されておらず、あまり働かない医師や看護師もいました。

働く意欲が湧かない原因の根っこには1959年に開院した病院の老朽化が進み、新病院の建設が塩漬けになっていたことがあります。新築計画書は2度作られましたが、前任の市長はまともに取り上げようとしなかったようです。

市側も病院側も責任の押し付け合いをしているだけで、問題解決の主体になる人が誰もいない。人口5万5千人の市財政でこんな大赤字の病院を抱えていたら、新病院を建てるどころか維持も難しい。今だから言えることですが、わたしは「残念だけどどうやって潰そうか」と考えていました。


「市民病院のことで困っているのだったら相談に行ってみたらどうか」と、地元医科大学の学長の名前を挙げて助言してくれる人がいました。病院の事務局長と出かけました。内心、その医科大学のサテライト病院を常滑につくってもらい、中身は市民病院の医療スタッフをそっくり移す。市立病院ではないが、市内には総合病院が残る…。そんな虫のいいことを考えていました。

学長の話はそっけないものでした。

「関連病院はほしいが、知多半島は遠いし、あの辺は他の医科大学の守備範囲だと考えている。うちが投資して新病院を建てるのは無理だ。常滑市民病院の噂は聞くが、総合病院として維持していくのは無理ではないか」

その日はがっかりして市役所には出勤せず、そのまま自宅に帰りました。

ただ学長はこんなことも言いました。

「県庁に優秀な医療担当の課長がいる。一度、話を聞きに行ってみてはどうだ」

なんだか紹介ゲームみたいだな、とは思いましたが、下手な鉄砲も数打ちゃ当たるともいいます。アポをとって今度は1人で出かけました。課長は頭の良さそうな人で、愛知県職員の堅いイメージとはちょっと違っていました。

しかし、彼の話を聞いて分かったことは衝撃的でした。

「常滑はゲームオーバーです。みんな『潰しモード』に入っている。そのことを知らないのは常滑市民病院と常滑市役所だけで、周りはみんな知っている」

当時、県内の四つの大学病院の院長をはじめとする愛知県医療界の実力者が集まって県の医療体制の調整を行う「有識者会議」が開催されていました。その中間報告には、「常滑市民病院は当面、（隣接する半田市立）半田病院と連携する」と書いてありました。

実は、この「当面」というのは「将来はない」という意味だったのです。

常滑市民病院にいた副院長が、わたしの着任と入れ替わるように、県外の大きな病院の

院長に栄転されました。この副院長を常滑に送り込んだのが地元の大学系病院の院長だったことを指摘して、課長は
「常滑は副院長を追い出した時点で終わってますよ」

と言いました。医師の派遣に大学系病院の人脈が大きく影響するこの世界で、常滑は虎の尾を踏んでしまったというのです。

「今からでもどうにかなりませんか?」

わたしはすがるような思いで訊きました。

「うーん、二村《にむら》先生が動いたら、どうにかなるかもしれませんね」

また、紹介ゲームです。「二村先生」の名前は別の人からも聞いたことがありました。愛知県医療界の「首領《ドン》」のような印象を持っていました。

当初の半年間、わたしは大学医局とは無縁のところでの「再生」を考えていました。そもそも、大学医局に見放されてしまったからこそ、今の惨状があるのです。市民にとっては、常滑に病院があればよいのであって、「市民病院」である必要はない。県外の他の団体や民間病院などが、市民病院の運営を引き継ぎ、ついでに新病院を建ててくれないか。そんなことを考えていました。

この半年間、つてをたどって、東京も含めて、可能性のある複数の医療団体や民間病院までたどり着きはしました。しかし、あと一歩のところで、すべて破談になりました。

彼らに言わせると、理由はこんな感じでした。

「愛知県は、東京、大阪などの他の大都市圏に比べ、大学医局の力が強く、地元意識が強い。（よそ者の）自分たちが愛知県の病院の経営に乗り出そうものなら、大学は容赦なく医局所属の医師たちを引き上げてしまう。一度に数十名の医師を調達するのは難しいから、医師数が充足して経営が軌道に乗るまで時間がかかる。リスクが大きすぎる」

現に、ある市立病院について、「地元の大学医学部出身だった院長を、他県の医科大学出身者に替えたとたんに、元院長の出身大学の医局が腹を立てて、医師をごっそり引き上げた」という噂が立っていました。


病院経営というのは、「白い巨塔」の全勢力図が頭に入っていて、どこを押すとどういうことになるかというのが分からないとできません。わたしは市長と一緒にいろいろな教授のところに医師派遣のお願いに行き、その場で出た話の断片をつなぎ合わせ、頭の中に地図をつくっていきました。

市役所本庁から3～5年のローテーションで派遣されてくる事務局長ら経営スタッフは、

なかなか大学医局と深く付き合う関係になれません。医療経営は高度な専門性を要するので、優秀な職員でもノウハウを習得するのに数年はかかります。さらに、診療報酬制度は複雑で頻繁に改定されます（この後、わたしは従来本庁からの出向職員が就いていた管理課長、医事課長、施設用度係職員などを病院採用に切り替えました）。

常滑市民病院の当時の院長は、患者思いで「赤ひげ」のように地域医療に尽くすタイプでした。自身の医療行為は評価が高かったのですが、医師不足で医療現場の維持に手一杯だったことに加えて、事務スタッフが「腰掛け」であまり機能せず、経営の立て直しまで手が回っていませんでした。

赤ひげ院長は２０１１年度で定年でしたが、続投できないことはない。市長は改革のために新院長を迎えようと考えていたようですが、院外から送ってもらうには病院を建て替えることが前提です。でも建てられる保証は全くない。

廃院を公表したら、即座に優秀なスタッフは去り、赤字は膨れ上がります。試算すると廃院までに30億円ぐらいはかかる。その上、病院職員の処遇も簡単ではない。市民病院経営を民間委託した自治体に聞きに行くと、「病院職員の３分の１は『どうしても市役所職員でいたい』というので本庁で引き受けて、検査技師が住民票を出している」といいます。

八方塞がりです。

潰すにはものすごい手間と費用がかかる。混乱も大きいだろう。でもそれはいつか終わることだ。病院を存続させれば、重荷をずっと抱えていくことになる。下手をすれば、将来の世代に取り返しのつかないツケを残してしまう。

どっちがよいかと問われれば、わたしなら廃院を選ぶ。責任は、よそ者のわたしが被《かぶ》って常滑を去ればよい…。


公用車で大学医局に出かける途中でした。わたしは市長に言いました。

「もう、万事休しましたね。荷物をおろしたらどうですか」

市長は泣きそうな顔で、言いました。

「どうしても病院はやりたい。市内に入院ベッドがなくなってしまう」

わたしは、病院に毎年10億円をつぎ込むための「病院税」をつくるか、廃院にするかの二択で住民投票を実施することも提案しました。

市長はこれにも反対でした。数年前、千葉県銚子市で市立病院の休止を争点に市長のリコール請求が起き、住民投票の結果市長が失職したことがありました。事態が病院の問題を超えて政治問題化し、市政の混乱を招いてしまった。片岡市長はそんなことになってしまうのを恐れていたようです。

首領の乱取り稽古

県庁の優秀な医療関係の課長が口にした二村雄次先生は消化器外科医で、胆道がん外科治療の世界的権威。当時、愛知県病院事業庁長と愛知県がんセンター総長を兼務していました。元名古屋大学病院長で、県医療界の最大実力者の一人との評判でした。「白い巨塔」のイメージがダブります。正直、近づき難い感じがしました。そもそもわたしは「権力」があまり好きではありません。

ただ、こんなエピソードも聞きました。「二村先生がヨーロッパに行かれるというのでてっきり学会出張だと思っていた。その直後、たまたまテレビで柔道の世界選手権の中継をやっていて、何の気なしに観ていたら、選手の後ろから医療キットを持って専属ドクターが入ってきた。よく見ると、何とそれは二村先生だった」

元柔道全日本マスターズ無差別級チャンピオン。得意技は「寝技」。

一度、二村先生にお目にかかってみるしかない。藁《わら》にもすがる思いで、アポを取って、市長とともにがんセンターを訪れました。開口一番厳しいお叱りです。

「なぜ、もっと早く相談に来ないのか。常滑はどうなっているのか、全く情報が入ってこない。土着の閉鎖体質が出来上がってしまっている。常滑が存続できるかどうか、大学関係者は皆心配している。アクティビティが落ちているのは皆知っている。不要論もある。院内で内科と外科がしっくりいっていないとの話も聞く。大学のサポートがないと、医師は集まらない。大学医局が一大決心をしてくれなければ、常滑に未来はない」

そんなに大柄な人ではありませんが、白髪で眼光が鋭い。昔はすごく厳しくて、二村先生の下にいたことのある後輩医師は、常滑市民病院にいるベテランでも、先生の前に行くと固まっちゃって言葉が出ないといいます。

「常滑はガラパゴス病院だな」とわたしは思いました。これほどハッキリと言ってくれた人は、初めてでした。市長はショックを受けたようでしたが、わたしは

「何とか新病院を建設したい。そのために、今年で定年退職を迎える現院長の後任に、若手の優秀な院長を送っていただきたい」

と頼みました。二村先生の答えは

「状況はかなり厳しい。大学も相当厳しい。とにかくロードマップを持ってこい。まずは現状分析だ」

でした。

それまで、市長、わたし、事務局長だけで病院の引き受け先を探してきました。院長やほかの幹部には知らせず、隠密行動でした。

二村先生と会った数日後、事務局長から「ちょっと病院に来てほしい」と呼び出しがありました。新病院建設室長ら3人の課長級が事務局長と共に待っていました。

「もう、私はこれ以上黙っているのに耐えられなくなりました。3人は、市長や参事が何を考えて動いているのか知りたがっている。もう最後の段階に来ていると思う。3人に事情を話したい」と事務局長は言いました。

「カミングアウトする時が来たな」とわたしは思いました。そして、これまで知り得た情報、やってきたこと、常滑市民病院の客観的状況、存続の道はほとんど残されていないことを伝えました。

「ともかく、残された道は、ロードマップを作って二村先生のところへ持ち込むこと。3人の協力を頼みたい。それでダメなら、病院を潰すしかない」

3人はようやく腹が座ったといった顔つきをしていました。わたしも覚悟を決めました。

「新病院建設か、それとも廃院か。二つに一つ」

…ところで、「ロードマップ」って何だ？　どうやって作ればいいのだろう？

辞書を引くと、「具体的な達成目標を掲げた上で、目標達成の上でやらねばならないこと、困難なことを列挙し、優先順位を付けた上で達成までの大まかなスケジュールの全体像を、時系列で表現した書き物である」と書いてある。ああ、病院建設計画書のことか。本来なら、基本構想検討委員会などをやりながら作っていくのだが、時間がない。

5人での検討が始まりました。新病院建設室長は、7年間この職にいます。過去2回、基本構想的な文書の作成作業に携わってきましたが、成果はすべてお蔵入りになっていました。ここ2年ほどは「市役所は一応やる気はあります」というアリバイを示すためだけに、病院内の新病院建設室で塩漬けにされていたのです。

「こんなデータはないの?」とわたしが尋ねると、室長はパソコンから次々と必要なデータを取り出してきました。不遇の時代に、せっせとデータを収集蓄積していたのです。

「改めて見てみると、ひどい状況だな」「この10年で、入院、外来ともに患者は激減だ」「医師数は10年で7人減。呼吸器内科と整形外科の医師がいなくなったのが収入減の大きな要因だな」「病床利用率は、かつての80%から去年は54%だ。これはひどい」

二村先生にアポを取り、とりあえず、現状のデータを持参しました。「常滑市民病院の患者の8割は常滑市民です。病院は市民に利用されています…」と事務局長が説明を始めると、即座に柔道の名手に「投げ飛ばされ」ました。

「何を言っているんだ。分かってないな。8割はただの割合で、入院患者数は減ってるじゃないか。やり直しだ！」「国民健康保険のレセプトを分析しろ。そうすると市民の受診動向が分かるはずだ」「確かに呼吸器と整形が抜けた影響が大きいな」

早速、国保のデータを取り寄せて分析すると、次のようなことが分かりました。

「市民の全入院患者における常滑市民病院への入院患者の割合は、年々減っている。この4年間で、件数でも日数でも約8％減っている。主に半田市内の病院に流れている。外来患者は開業医の受診割合が増加し、市民病院の受診割合が少なくなっている」

さらに詳しく分析してみると、知多半島の基幹病院である隣の半田市立半田病院よりも、半田市内のリハビリ専門病院への流出割合が大きいことが分かりました。常滑市民病院は、これまで緊急な治療を必要とする患者に高度な医療を提供する「急性期病院」の方針一つでやってきたようですが、患者の需要は変化しています。周辺の医療機関が提供する医療の質も変わっています。問題状況に合わせた新病院にしなければならない。「こういう作業を怠ってきたのが、今日の惨状を招いた一因だな」と思いました。

二村先生は心配します。

「新病院を建てるのに本当に起債ができるのか。経営の改善もいるし、市会計からの繰出金もいるな。繰出金は本当に大丈夫なのか。市の財政は大丈夫なのか。ひどいって聞いてるぞ」

新病院を建てなければ、再生は難しい。建てるには借金が必要だ。借金をするためには不良債務があってはいけない。不良債務を消すには常滑市からの繰入金と病院の経営改善が必要だ…という二村先生の主張はその通りでした。

先生に何度も畳に投げられているうちに、「ロードマップ」は磨かれていきました。この間約1月。この1月で、新・常滑市民病院の大きな方向性は決まりました。

「常滑市民病院の現状と新病院の建設について」と題された26ページに及ぶ計画書ができました。

病床数は、300床から50床減らして250床、うち210床を急性期病床、40床程度を回復期リハビリ等病床とする。建設費は、医療機器や電子カルテなどを含め80億円。開院予定は2015年5月。開院後10年間の収支計画を示し、経営改善目標が示されました。

確かにこの道の通りに歩けば、新病院にたどり着けるのかもしれない。でも、相当険しい道です。書いてはみたものの、実際にやるのは医療スタッフです。職員や議会、そして市民の同意は得られるのでしょうか。わたしには到底不可能に思われました。

「よし、とりあえずは、こんなところでいいだろう。後は、君たちがこの計画をどう実行するかだ。私は、大学の関係者に、『ついに常滑は本気でやる気になったようだから、応援してやってくれ』と頼んでおく」

二村先生はそう言われました。

たった一人のトイレ掃除

事業仕分けの前後から、毎朝、市役所3階のフロアの掃除をしていました。ある時、意を決して、トイレの掃除を始めました。トイレ内のタイルの壁面や床がすごく汚れていたからです。

自動車用品販売会社、イエローハットの創業者、鍵山秀三郎さんのことを思い出しました。「トイレ掃除の神様」と呼ばれ、わたしが「心の師」と仰ぐ方です。大分県久住町時代からお世話になっています。鍵山さんは、事業を始めた頃、毎日、奥さんと2人で会社の前の道路を掃除し、会社のトイレの掃除も1人でされていたといいます。

財政問題はまだ出口が見えない。市役所内で誰かが問題を背負ってくれるとは思えない。「1人でやらなければならない」と思いました。その時、「自分はこのトイレを1人で完全にきれいにできるかな？」と思いました。「朝1時間早く行って、少しずつやってきれいになったら、もしかしたら財政のこともやれるかもしれない…」。

トイレの壁と床を毎日少しずつ磨いていきました。中が明るくなりました。1月かかると思いましたが1週間で磨き上げました。「やればできるじゃないか、俺…」。そうすることで、「もしかしたら財政の方もできるかもしれない」と自分に思い込ませようとしていたのかもしれません。周りは「山田さん、何やっているんだろう?」と思っていたはずです。

「13%給与カット」やむなし

事業仕分けの終了後、毎週のように幹部会議のメンバーを集めて「行革本部」の会合が開かれました。仕分けの議論などをもとにして、企画課の行革担当が事業の廃止や見直しの案を作り、担当部局と折衝し、合意できたものから随時行革本部の最終判断を仰ぐという段取りでした。

しかし、それだけでは「毎年10億円の財源不足」を補うだけの財源の捻出は無理です。人件費を削るしかありません。行革本部の幹部たちも「やむなし」という雰囲気でした。

行革プランでは、一般会計の健全化のためだけで平均8%の給与カットが必要と試算されていました。プランの中では、市から病院への経常的繰出しを約8億円程度確保してもらっていました。これだけでも一般会計には相当な負担です。ただ、この時点では病院の経営が好転する要素はなかったし、経常赤字を補てんできなければ、累積債務が増えていくだけです。

過去数年にわたり、一般会計が病院の経常赤字をきちんと穴埋めしてこなかったため、県や大学に「市は病院を諦めたのだな」という印象を与えてしまっていました。少なくともその印象はぬぐい去る必要があります。

さらに、２００９年度末時点での累積債務13・9億円をどうするかが問題です。累積債務があるままでは、新病院建設の起債（借金）は認められません。許可してもらうには、借り入れの２年前の２０１３年度末には累積債務を解消した上で、起債申請手続きに入らなければなりません。

行革プランの策定の最終時期は、ちょうど「ロードマップ」作成の時期と重なっていました。矛盾する二つのプランを作るわけにはいかない。約14億円の累積債務を３年で消すには、仮に解消額の半分は経営改善効果を見込むとしても、毎年約２～３億円の繰出金増額が必要でした。これに取り組むなら、給与カット率は５％増の13％になる。常識的に考えて、相当な数字です。ちなみに、当時の夕張市の給与カット率は20％でした。

県市町村課は病院存続に否定的でした。「山田さん、ムダな努力はやめた方がいいですよ。そんな過激な給与カットをしたら何が起こるか分かりません」。

さらに、ここで問題になるのが、「病院職員の給与カットを行うかどうか」です。普通に考えれば「原因は病院にあるのだから、病院職員の給与カットは当然だ、むしろ一般職員以上に給与カットされるべきだ」ということになるでしょう。ところが、事情はそう簡単ではありませんでした。

「動物」と「植物」

常滑市は周囲を半田市、知多市、東海市といった裕福な自治体に囲まれています。周囲の自治体にある病院は給与レベルが高い。一方で病院の医療専門職員の仕事はどの病院でもあまり変わりません。特に医師や看護師はどこでも不足しています。給与に不満があれば、転職は簡単です。彼らには、「同じ自治体の一般職員との横並び」という視点はほとんどなく、「近隣病院との比較」を物差しとして考えています。人材確保の観点からは、医療職員の給与カットは大きなリスクがあり、避けたい。

行革会議では、当然大議論になりました。「なぜ一般職員だけが病院の負債を被《かぶ》らねばならないのか。責任は病院にあるのではないか!」

病院事務局長は、次のように説明しました。

「病院へ行って分かったのだが、私たち一般職員は『植物』、医療職員は『動物』だ。植物は根を下ろしたところで生きていくしかない。ところが動物には脚があって、エサがあるところに移動してしまう。それも、足が速い者から順番に美味しいエサがある場所に行ってしまう。もし病院職員の給与をカットすれば、優秀な職員から順番によその病院へ逃げてしまい、経営改善は難しくなる」

わたしは、付け加えました。

「仮に廃院にするとしても、累積債務は市が返済しなければならない。廃院はせず古い病院のまま続けても、経営改善は見込めない。市の赤字補てんは続く。経営改善のためには、累積債務を消して新病院を建設するしかない。やるなら短期決戦で勝負をかける。グズグズしていても状況は悪くなるだけだ。わたしは、事務局長とともに医療職員に、給与カットと繰出金増額にどんな意味があるのか、一般職員にどれだけ負担を強いているのかを重々言って聞かせる。彼らは奮起せざるを得ない。これで変わらないようなら、見放して廃院にしよう。彼らが受け取るかどうか、ボールを投げてみようではないか」

結局、わたしと事務局長の提案は行革本部の承認を得ることができました。その後の職員組合との交渉は、市長、副市長、企画部長が引き受けてくれました。

２０１０年の年末、わたしは、自治労愛知県本部の幹部から、名古屋市のホテルに呼び出しを受けました。その幹部は言いました。

「あなたは何をしに常滑へ来たのか。常滑市の規模で市民病院を持つのは無理である。この程度の病床規模では、黒字経営は難しい。県本部OBの片岡市長には、これまでの歴代市長の悪弊を改革してくれることを期待していた。県本部として給与カットに口出しはしない。しかし、あなたには、他にやるべきことがあるのではないか」

わたしは、この幹部の言うことにほとんど賛成でしたが、反問しました。

「『常滑には市民病院は無理だ』ということは、『今ある市民病院を廃院にせよ』ということですね。それは、現に市民病院で働く300人以上の職員、すなわち組合員の職場を奪うということを意味します。病院職員は組合員ではないのか。それが県本部の考えと受け取ってよいのでしょうか?」

彼は何も答えませんでした。

この給与カットの意味を、最もよく理解し、受け止めてくれたのは久米淳子看護部長でした。彼女は、全看護師にこのことを伝え、

「一般職員の犠牲に応えるためにも、私たちは頑張らねばならない!」

と説いてくれました。熱血ナース、久米さんはこの後、重要な働きをします。

看護師たちが、この後、病院再生に重要な役割を担ってくれることになります。看護部

の仕事が膨れ上がり、激務がやってくることは後で触れます。その時、彼女たちが黙って耐えてくれたのは、このような背景があったからです。

わたしは翌年度から自分の給与もカットするよう企画部長に頼みました。年間の給与はさらに100万円ほど下がります。妻に話すと「まあ、うちは足りているから大丈夫」と言ってくれました。これまで夫のわがままを聞いて引っ越しも繰り返してくれた。贅沢を言われたこともありません。良い妻を持ったと思いました。

首領登場

2010年11月、片岡市長は「病院事業管理者」として医局会議に出席し（常滑市始まって以来のことです）、新病院建設に協力を求めました。市長の話が終わると、医局長が医師を代表する形でこう言いました。

「今まで新病院をつくる話は2度つぶれた。正直に言うと諦めていたが、今日、市長から直接話を聞いて、もう一度協力しようという気になった。ただし、今度だけは裏切らないでほしい」

12月に入って、市長は「2015年5月新病院開院」と記者発表しました。

年の瀬も迫る12月21日。県病院事業庁の次長から事務局長に電話が入りました。

「27日に二村先生が常滑へ行くとおっしゃっている」

事務局は騒然となりました。副院長に相談すると、「来ていただけるような状況ではない。何とか延期していただけないだろうか」。しかし、次長は言いました。「自分も同じことを進言したのだが、もう誰にも止められる状況ではない。すぐに病院の経営状況資料とロードマップを準備して、メールで送付すること。それから、医師を含めてなるべく多くの職員に集合をかけておくように」

「大変なことになった。どうしよう。でも、いったい何をしに来られるのだろうか。職員、特に医師は集まるだろうか」

ともかく資料を準備して送付し、当日を迎えました。

午前中、次長から再度電話がありました。

「二村先生が入院患者の目標を作れとおっしゃっている。年間を通じて1日当たり180人とするように、と…」

当時の実績は、ピーク時でも170人程度。年間平均では160人を割っていました。

副院長に伝えると、

「そんなの無理です。どんなに頑張っても170人がせいぜいです」

しかし、電話の向こうの二村先生は譲らない。副院長は、しぶしぶ
「175」
二村先生は
「180人！」
副院長、絞り出すような声で
「うーん、180人…。」
やり取りの結果、年間入院患者目標は180人となりました。
その日の夕方、二村先生が、常滑にやって来ました。講演開始時刻の午後5時30分、心配に反して5階の大会議室は超満員になっていました。ほとんどの医師が顔をそろえています。後から聞いたところによると、血管外科の医師が皆に電話をかけまくったらしい。
「スゴイ人がやってくる。出席しないと、体落として伊勢湾に沈められるぞ！」

「『男』にしてやってくれ」

「私はこの病院に大変愛着がある」

100人を超える職員を前にして、二村先生は切り出しました。

「かつてこの病院は素晴らしい施設と設備を備え、優秀で勤勉な医師が揃い、活気あふ

れる病院だった。私も海の見える手術室に何度も手術の手伝いに来たことがある。しかし、今、この病院は存亡の危機にある。大学関係者は皆大いに心配している。その原因の一つは新病院の建設が一向に進まないことにあった」

「しかし、片岡市長は私に一大決意を伝えに来られた。政治生命をかけて5年後に新病院を完成させる。ロードマップも示していただいた」

「さらに、市長は、今年度で定年を迎える院長に代わり、副院長を新年度からの院長に指名した。新病院の建設には最低でも5年間の準備期間を要する。完成後の新病院を円滑に運営していくためには、責任者はその準備期間から新病院の構想を練り、建設の指揮を執っていかねばならないからだ。常滑での勤務経験が長く、病院を熟知している副院長以上の適任者はいない。大変な英断である」

「しかし、問題がある。この病院は、多額の累積債務を抱えている。これを解消しないことには、県から建設のための起債の許可が下りない。市長は一般会計からの最大限の支援を約束してくれたが、それだけでは足りない。みなさん方病院職員の努力で、経営を改善しなければならない。私は、1日180人という入院患者数の目標を設けてはどうかと提案し、副院長も同意してくれた。現状から考えるとハードルが高いと思うかもしれないが、これは最低限の目標である。最初にも言ったように、今常滑は存亡の危機にある。並大抵の努力ではダメなのだ。しかし、皆さんが頑張れば、大学は常滑を見捨てはしない」

「さらに、この努力は、新年度から始めればよいというわけではない。明日から始めていただきたい」

二村先生の話には熱がこもります。

「現院長は、厳しい状況の中、懸命に努力してきた。この病院に対する彼の貢献は多大なものがある。院長の任期はあと3カ月ある。院長の在任中に、少しでも経営改善の結果を出してもらいたい。皆さんどうかお願いだ。院長を『男』にしてやってほしい！」

首領《ドン》はそう言って最後に頭を下げました。職員は、1時間余りの講話を、真剣な面持ちで聴いていました。

二村先生の講話は、職員に意識改革を促しましたが、同時に赤ひげ院長に引退の「花道」をつくり、院長人事に決着をつけたという点で素晴らしい手際でした。

この日から、常滑市民病院の改革がスタートを切ったのです。

巻き込む

ホワイトボード

2011年の新年早々、病院の各所に、小さなホワイトボードが設置されました。医局と事務の部屋と看護部の部屋です。中央に、「今日の入院患者数　○人」とあり、その下に小さく「目標180人」とある。

「さっそく始まったな。でも、どのくらい効果があるのだろう?」と思いました。

ところが、一週間もすると、入院患者数は、急激に伸び始めました。普通に考えれば、「入院患者数の目標値」ということ自体はおかしな話です。「それって、無理やり入院させたり、在院日数を引き伸ばしたりしているんじゃないの?」と疑う人がいます。しかし、お恥ずかしい話ですが、当時の常滑市民病院の状況は、むしろ「入院の必要がある人を断ってしまう」という感じでした。

例えば、夜間に救急隊から受け入れ要請があっても、「専門の医師がいない」と言って断ってしまいます。たまたま皮膚科の医師が当直担当だとして、夜間に腹痛で来院した患者がいるとする。その医師は「入院させた方がいいかな？」と思う一方で、明日消化器内科の医師に「何で俺の断りもなく入院させたんだ！」と文句を言われる可能性が高い。結局応急処置だけをして自宅へ帰してしまいます。帰宅後に容体急変なんてこともある。

入院患者を持つことは、医師にとって大きな負担です。勤勉なために、過剰な入院患者を抱え、燃え尽きてしまう医師もいる。しかし、当時の常滑の医師には余裕があった。かつては入院患者はもっと多く、医師たちは今より多くの患者を抱えてやっていたはずです。看護師も同じことです。少ない患者数に慣れ、スタンダードを落としてしまっていた。患者を帰すと入院患者は減ります。病棟は楽です。「みんな給料もらえているし、まあいけているんじゃないの」という甘い思いがありました。

当時の常滑市民病院に入院患者目標を設置することは、「まっとうに仕事をしてください」と言っているのと同じことでした。

奇跡のV字回復へ

高度医療を行っている大病院以外の病院では、患者数に季節変動があります。患者が多いのは、何といっても冬場です。寒さのため、心臓疾患や脳血管疾患が起こりやすい。高齢者は厚着をすると転びやすく、骨折患者も増えます。インフルエンザの流行時期でもあります。常滑市民病院がギアチェンジをしたのは、ちょうど季節的にも患者が増え始める時期でした。ホワイトボードの数字は、165くらいから見る間に170、180、190となりました。

「こんなに急に増えて、大丈夫かな?」とちょっと心配になりました。2013年2月に入って200を超えました。一時210まで行きました。病棟を回ると、満床に近い状態でした。

最も大きな負担は看護部にかかっていました。「もうめちゃくちゃよ!」。看護師長が怒ったように言い放ち、廊下を走って行きます。病院内のあちこちで、しばらく動かさなかった機械の部品がギシギシと音を立てて動き始めたような感じがしました。

わたしには何もできることがないので、地元で評判の洋菓子屋さんにブッセを300個頼んで看護部に届けました。そんな冬を彼女たちは何とか乗り切ったのです。

市役所の職員の給与を13%カットし、病院職員はそのままという決定をした際、久米看護部長が全看護師にこのことを伝え、「一般職員の犠牲に応えるためにも、私たちは頑張らねばならない!」と訴えたことは前に触れました。

「看護部が率先しなくて誰が病院を変えるんだ」という機運が生まれていました。病院組織の中で看護部に所属する人数は圧倒的ですから、看護部が動くと効果が大きいのです。

後半3カ月の頑張りで、2010年度の経常損益は、前年度比で1億7千万円ほど改善しました。4月に入ってからも、患者数は大幅には減りませんでした。この冬以降、看護師たちは、入院患者数が210を超えても、平然として業務をこなすようになりました。不思議なことに、患者数の増加に伴って病院に対する良い評判が聞こえてきます。ここから、奇跡のV字回復が始まりました。

かなり後になって、二村先生に「どうしてあの時、入院患者数の目標数値を定めさせたのですか?」と訊いてみました。二村先生は、

「今まで『病院経営』など考えたことのない職員、特に医師に危機感を持たせるには、簡単で素人でもわかる『入院患者数』だけでも頭に叩き込まねばならないと思ったからだ」

とおっしゃっていました。

市内の患者数は減っていません。市民病院の患者数の減少は、病院のパフォーマンスの低下が原因でした。でも、まだ病院を維持できるぎりぎりの医師数は残っていました。

気合を入れるにも、よく状況を見定めてやらねばなりません。ヘトヘトの馬にむちを入れても倒れてしまうだけです。目標人数も正しかった。ロードマップに記された経営改

善計画を実現するには、最低でも入院患者180人は必要でした。

そしてもう一つ、「目標を明示して示す」ということは重要だということと学びました。書いて衆目にさらされれば、当事者は覚悟せざるを得ません。

「目標180、現在175」と書かれたボードを目にしていると、180以上にしたくなるのが人情です。「今日の入院患者数」は黒いマジックで書いていたのですが、わたしは「目標に達していない時は赤で書いて下さい」と頼みました。

母の遺した宿題

2011年、わたしは、母が入院する北里大学東病院で元旦を迎えました。大晦日には、病室に、わたしと弟、弟の妻が集まり、母が弟に頼んで取り寄せたおせち料理を食べました。母は、ほんの少し口を付けただけでした。本当は、一時帰宅して自宅で新年を迎えさせたかったのですが、体調不良でかないませんでした。今から思えば、無理にでも連れて帰った方がよかったかもしれません。それが、母が迎えた最後の新年となりました。

母の異変は安城市に勤務していた2009年8月の初旬、東京の弟からの電話で知りました。

友人と山梨県の清里へ出かけた母が、途中で体調を崩し、寝込んでいるらしい。38度くらいの熱があり、尿が茶色くなっているといいます。「精密検査が必要かな?」とも思ったのですが、「とりあえず、近所の医者へ行ってみるように」と電話で母に話しました。その時点のわたしには、病気や医療に関する知識がまるでありませんでした。高校の同級生だった医師に思い切って電話をすると「いいよ。自分が診て適当な病院を紹介してやるよ」という返事でした。「持つべきは良き友人だな」と思いました。

母は10月2日と5日、友人の医師の診察を受けに出かけました。がん研有明病院です。翌6日、その医師から電話がありました。「十二指腸乳頭部にがんがある。これが胆管を塞いで、熱と黄疸《おうだん》が出ている。肺に転移がある。あまりよくない。早めにお母さんと一緒に来てくれ」。

慌てて休みを取って、翌日東京へ出かけました。CT画像をわたしに見せながら説明してくれた医師は、「あんなに黄疸が出てるの、見れば分かるだろ? なんでもっと早く連れて来なかったんだ」とわたしを叱りました。無知を恥じました。

即座に入院の手続きをしました。個室を頼んだら、1泊3万円くらいでした。「個室料ってそんな値段なんだ」と初めて知りました。

入退院センターで、手続きの順番待ちをしていると、前の男性が、担当者から「入院手術は基本3カ月待ちです。でも、いつベッドが開くか分かりません。明日かもしれないし、2週間後かもしれません。ご自宅で入院の準備を整えて、連絡があったらすぐに来られるようにしておいてください」と言われていました。病院はものすごく混んでいました。「がんの人って、世の中にこんなにいるんだ」と思いました。驚くことばかりでした。

内視鏡手術を受け、母は約2週間で退院しました。相模原市の北里大学東病院に通院し、抗がん治療をすることになりました。ところが、車の運転ができない母は、電車とバスを乗り継いで行かねばならず、通院に片道1時間以上はかかってしまいます。事前検査と主治医の診察で1時間以上、抗がん治療が約2時間、会計を済ませて院外薬局で薬をもらい、また1時間以上かけて帰宅する。抗がん剤の影響もあり、1日がかりの大仕事でクタクタな状態。食事もできずにそのまま倒れ込むように床に就く。「病院に治療に行って病気になってしまう」と母はよくこぼしていました。それでも抗がん治療に希望を託していました。「孫娘が大学を卒業するまでは生きていたい」。

しかし、その後階段から落ちて腰骨を骨折し、そのまま入院したきりで亡くなりました。母の末期は、常滑で病院に関わり始めた時期と重なっていたので、わたしは「患者の家族」という視点に加えて「病院や医療はどうあるべきか」という視点で、母の周りに起こる出来事を観察することになりました。

一人暮らし高齢者が病気になったらどういうことになるのか。医療機関相互の連携はどうあるべきか。病室内のちょっとした段差が患者にとって大きな障害になること。付き添い用に貸し出される折り畳みベッドの寝にくさ。転院と患者の心理。通院の負担とストレス。抗がん治療の功罪。高齢者の骨折のダメージ。立って歩けることと食べられることの重要性。医療スタッフの「ひとこと」が患者のメンタルにどんなに影響を与えるか…。

そして、一番重要なことは、病気と医療に関するきちんとした知識を持つこと、そして気軽に相談できる医療関係者や医療機関を持つことだと感じました。できれば身近に。それがわたしにはなかった。問題から目を背けて、何の準備もできていなかった。

母は、死ぬ前にわたしに「宿題」を遺していってくれました。新しい常滑市民病院を建てるなら、そんな宿題を解決できるような病院にしたい。母の遺影に手を合わせながら、そんなことを思っていました。

3・11——暴れる心臓

2011年3月11日、わたしは、午前9時30分に始まった市議会全員協議会に出席していました。開会後30分程すると、突然視界がボーッと白くなって、冷汗が出始めました。初めての感覚でした。向かい合って座っていた議長が声を掛けてくれました。「ちょっと、山田さん、顔色が真っ青だよ。どこかで休んだ方がいいんじゃないか」。

病院管理課長が連絡を取ってくれていて、市民病院の救急外来に着くと、救急当番の医師と医局長と看護師長が待ち構えていてくれました。

「参事さん、どうしたの！」

「俺もうダメかもしれない」

「何言ってんの、新病院ができるまでは、生きててくれなきゃ困るわよ！」

そうか、そんなふうに思われているのか…。「先生、脈が飛んでます」「不整脈だな。心電図つけて」「今まで、こんなふうになったことある？」「いや、初めてです。健診で洞性徐脈って言われたことはあるけど」「やはり心房細動だな。心エコー取るから準備して」

ストレッチャーで長い廊下を検査室まで運ばれます（運ばれながら、「新病院では救急外来と検査室はもっと近い方がよいな」と考えていました）。

検査が終わると、医局長が「心臓がリズムを崩しています。しばらくすれば治まると思うけど、血栓ができて、それが脳に飛んだりすると脳梗塞になる危険があります」と言いました。

眠ってしまい、気が付くと午後1時過ぎ。医局長がやってきました。

「治まらないな。3時までに元に戻らなかったら、入院しましょう」

困ったな。4時に大事なお客さんが来るんだけど…。

そして、2時46分、突然世界が大きく揺れました。建物がギシギシと大きな音を立てています。「何だ、これは?!」とにかく逃げなきゃと思ったものの、点滴ラインがつながっていては身動きが取れません。

「すいません、これ外してくださーい!」

急いで衣服を整え、上着を着て、玄関ロビーにあるテレビを見に行きました。東北地方で大きな地震が起こったようでした。

自分で脈をとってみると、不整脈は治まっていました。心房細動はびっくりすると治るらしい。市役所へ戻ると、正面玄関ホールのテレビが被害の状況を伝え始めていました。車が津波の渦に巻き込まれて、洗濯機の中の洗濯物のように、グルグル回っている映像が見えました。大変なことが起こっていたのです。

わたしはこの時、「身近な場所に市民病院があって本当によかった」と心の底から思いました。それも、医療スタッフときちんとコミュニケーションが取れる病院です。スタッフ側も、「わたし個人」のことを知ってくれている。単なる「患者＝疾患を抱えたヒトという生命体」ではない。それがどんなに心強いことか。これは、「医療の質」の重要な要素ではないか。大きくて高度な治療をする病院だけがいい病院ではない。地域に密着しているからこそできる医療がある。そう実感しました。

「市民病院の建物は、このままではいかんな」ということも実感しました。東海地震が起こったら、現在の立地では津波の被害は免れないだろうし、その前に建物が倒壊してしまうでしょう。東日本大震災で市役所と病院が被災した自治体は、災害対応や復興が大幅に遅れたといいます。2016年に起きた熊本・大分地震でも同じでした。「市民病院を存続させるなら、地盤の良い高台での新病院の建設は必須だな」と強く思いました。

民主主義の学校——100人会議

大分県臼杵市に勤務している時に、後藤國利市長に「危機脱出のセオリー」というのを教わりました。

①危機の原因を明らかにする
②責任者に退場してもらう
③ゴールを明確に示す

④そのために各人が行うべきことを具体的に示す
⑤新リーダーが先頭を切って走り出す

わたしは、これを常滑市と常滑市民病院の再生に応用しました。やってみて分かったことは「やりたくないけれど、嫌われるけれど、やらなければならないことは、妥協せずにやらねばならない」ということでした。

危機の原因は患者が減ったことです。病院長の退任は既に決まりました。ゴールは2015年5月の開院です。看護師や医師はそれぞれ行うべきことを始めました。わたしは医療ができませんが、走りださなくてはいけません。新院長には「とにかく医療の方をよろしくお願いします」と言いました。

とはいうものの、わたし自身はゴールにたどり着ける自信は全くありません。とにかく並のやり方ではうまくいくはずがない。

知人の紹介で、医療生協連の幹部の方とお会いする機会を得ました。常滑市民病院の状況を少し説明すると、彼はこんな話をしてくれました。

「それは病院が悪くなるお決まりのパターンですよ。世の中には『ローカル医師』というのがいるんです。働く意欲を失い、ただ楽をしたがる医師。アクティビティの高い病院では使いものにならない。医局はそういう医師の配置先に困り、地方の中小病院へ送る。病院側は、そういう医師でもいないよりましだから、ありがたがって引き受ける。ところが働かずにわがままばかり。院長は、辞められてしまっては困るので、きつく注意できない。ローカル医師は増長する。そういう病院が世の中にたくさんある」

「申し訳ありませんが、私も仕事が手いっぱいで、あなたの手助けはできません。ただ、参考になるかどうか分からないけど、常滑の近くに南生協病院という常滑と同じくらいの規模の病院があります。そこに面白い専務理事がいます。最近病院を新築したのですが、そのプロセスで、彼は1000人会議というのをやりました。どんな病院を建てたらいいか、どんな病院にしたいか、延べ1000人の医療生協組合員に意見を聞きながら新病院を建設したのです。旧病院の経営は必ずしも良くありませんでしたが、新病院を建ててから、すこぶる良くなったと聞きます。一度訪ねてみてはどうですか？」

「常滑市民病院は必要だ」「いや、赤字病院など不要だ」「300床の病院など大きすぎる」「人口5万5000人の常滑市にとって、市民病院は贅沢品だ」

そう言っている市民や議員は、市民病院を取り巻く諸事情をきちんと理解して、意見を述べているのだろうか。市民病院を存続させるにしても、廃止するにしても（経営はまだ明確に改善しておらず、この時点ではその可能性は十分ありました）、今後の常滑市政の行方を大きく左右するといってよい重要課題に、行政も議会も市民も無知な状態で、結論を出してよいものなのだろうか。

市長は「市民の中には、市民病院はあって当たり前という感覚がある。新病院を建設するとすれば、それでは困る。あってよかった。わたしたちが支えていこう。そう思ってもらえる市民病院でなければ意味がない」と常々話していました。

市民に考えてもらう良い方法はないのか。考えた末に思い出したのが、大分県久住《くじゅう》町勤務時代にやった「久住街づくり検討委員会」です。市民を集めて、情報を開示し、バイパスルート案を考えてもらいました。市民がきちんと議論して廃止と決まれば、市長が責任を問われて傷つくことはない。存続となれば、相当の覚悟が必要だということが市民にも分かるし、自分たちが決めたのだから、病院を支えてもくれるはずだ…。

南生協病院の1000人会議は、新病院を建てるという前提で「どのような病院を望むか？」を組合員（オーナー兼利用者）に問い掛けたものでした。しかし、常滑の場合は、存続の是非から出発しなければならない。医療生協の「組合員」ではない「常滑市民」に市民病院の「オーナー」である意識を持ってもらい、その行く末を決めてもらう。これは、「民主主義の学校」である地方自治の実験としても、大いに意味のあることではないだろうか。「100人会議」の発想は、そんなところから生まれてきました。

100人を選ぶ

「実現しないアイデアは、ただの妄想である」と著名なデザイナーの佐藤可士和さんが述べています。彼の言葉通り、実際に100人会議のアイデアを実現するのは大変なことだということは、思いついた時から分かっていました。

「100人」という数字には、「南生協病院は1000人だから、常滑はせめて100人」ということと同時に「100人は集めないと、市民や行政や議会へのインパクトがないだろう」という意味もありました。

問題が複雑なので、全市民に詳しく伝えることはおそらく不可能でしょう。しかし、市民には「何か大がかりなことが始まったぞ」という認識は持ってもらいたい。市民の意見の分布はこんな感じだと納得してもらうためにも、ある程度の人数は必要だ。最低100人。それだけいれば、動きは口コミで広がっていくだろう。しかし、これ以上の人数では、とても運営できない。

メンバーの選定は、無作為抽出の公募を基本にしたいという思いは当初からありました。多くの自治体では、行政の意思決定への「住民参画」の手法として、審議会や各種委員会に「市民公募枠」が設けられています。しかし、わたしは、過去の経験から、特定のテーマについて議論するこのような委員会にわざわざ自ら手を挙げて参加する市民は、そのテーマに精通し、思い入れを持っている人が多く、その意見はかなり偏っている場合が多いのではないかと感じていました。さらに、「市民委員」の顔ぶれは、いつしか固定化するケースが多く、なぜ選挙で選出されたわけでもない彼らの意見が取り上げられるのか、「市民の意見」というが、いったい「市民」とは誰なのか、という疑問も抱いていました。

100人会議の目的は、「『市民』は市民病院をどう考えるのか?」を知ることです。市民病院に関心の深い「専門家市民」だけの意見を聞くことではない。そうなると、主体は無作為抽出公募によるのが適当です。ただし、病院問題は、ここ数年来の懸案です。「自薦公募」を無視するわけにはいかない。半々か、無作為の割合が多くないと、目的は達成できないでしょう。無作為抽出公募には、経験的に発送数の約5%が協力してくれるということです。

「よし、依頼状を1000通発送しよう。病院問題は関心が高いから、6%か7%の参加があるかもしれない。自薦公募は30人をめどにしよう。合わせて100人。良いバランスじゃないか」

結果的には、無作為公募が61人、自薦公募が30人、それに行政職員と病院職員を加えて、総勢111人の「100人会議」のメンバーがそろうことになりました。

次にスケジュール。本来なら「市民会議」の議論の結果を踏まえて、専門家による「基本構想検討委員会」に移行するという順序が筋です。しかし、そうしていると最低でも1年はかかってしまう。市長は「2015年5月までに新病院をオープンする」と宣言してしまっている。そのスケジュールに合わせるなら（その時点では、わたしはとても可能だとは思っていなかったのですが）、100人会議も基本構想検討委員会も、10月までには結論を出さねばなりません。

両方の会議ともに、最低5回は必要です。二つの会議を有機的に連動させるには、それぞれ毎月1回開催し、相互にもう一方の会議の様子を報告しつつ、並行して走らせるしかありません。

グループ・コーディネーター

さらに、各回の会議をどのように進めるかも問題です。100人が集まる会議で、もし1人が1分ずつしゃべったとしても、100分以上かかってしまいます。1回の会議の全体時間は、長くても2時間。10人程度のグループに分けて議論をする方式にし、委員一人に何回も発言する機会がないと、「議論に参加した」と感じてもらえません。

全体のコーディネートはわたしがやるとしても、少なくとも10人のグループ・コーディネーターが必要です。これを誰がやれるか？　グループ・コーディネーターは外部の人がよい。「10人のうち5人くらいは基本構想の策定業務支援を委託する医療コンサルに無理を言って頼めるとして、あとの半分はこちらで調達しないといけないだろう。誰かいないかな？」

真っ先に思い浮かんだのが、前年12月で看護部長を退職した野中時代さんでした。スーパー看護部長といわれた彼女は、小柄ですがとても元気がいい人です。彼女が部屋に入ってくるとその場の空気が一変する。在任中は朝、出勤するとまず病棟をまわり「昨日はどうだった？　お疲れ様、ありがとう！」と声をかけまくっていました。

電話をしようと思っていた矢先、彼女はひょっこり病院に現れました。早速、グループ・コーディネーター就任を依頼すると、「参事さんの頼みなら断れないわねえ。この貸しは大きいですよ」と引き受けてくれました。「ほかに4人必要なんです。心当たりはありませんか？」そう尋ねると、

「大同病院の事務局で部長をしている山本秀明さんはどうかしら。以前東海産業医療団の病院で一緒に仕事をしたことがあるけど、いい人よ。元新日鐵の企業戦士。今から電話

するわ」と言って、その場で携帯電話をかけました。

「あっ、山本さん、お久しぶり。元気？　今常滑市民病院に来てるんだけど、ちょっとここに面白い参事さんがいて、山本さんにお願いがあるって言うんだけど、話聞いてくれる？　じゃあ、替わるから」と言って、いきなりわたしに携帯を渡します。

お互い突然でしたが、とりあえず趣旨を話すと、山本さんは、「よく分からないけど、まあ野中さんの頼みなので、引き受けざるを得ないですね」と言ってくれました。

再び前看護部長に替わると「じゃあ、よろしくね。参事さんも髪の毛が薄いわよ。山本さんといい勝負」と言って、電話を切りました。

「まあ、こんな感じで、私って浪花節で生きてま〜す。他にも適当な人を思いついたら連絡するわ」そう言い残し、彼女は風のように去っていきました。

結局、野中さん、山本さん、近隣病院の事務局長と看護部長経験者の4人に医療コンサルの5人を加えた9人のグループ・コーディネーターの布陣で臨むことになりました。

就任依頼の時、彼らには一応の趣旨説明はしましたが、全体を統括するわたしとしても初めての経験です。内情は「出たとこ勝負」でした。

「頭《ず》が高すぎる」

市民委員に、病院の実情を分かりやすく伝えるにはどんな資料を準備するのがよいだろうか？　これにはかなり頭を使わねばならなりませんでした。担当の市役所職員、柴垣道拓君と一緒にやりましたが、結果的に良かったと思うのは「わたしも彼も素人だった」ということです。もし、病院経営を熟知していたら、もっと専門的で、市民に分かりにくい資料を用意していたことでしょう。

特に柴垣君は、新病院建設のために、4月に本庁から病院建設室に派遣されたばかりの建築技術職員でした。後から聞いた話では「当初は自分たちの給与カットの元凶である赤字病院の建設には反対だった」らしい。しかし、実際病院勤務になり、毎日、病院の実情を間近に見て、考えが変わったといいます。

異動後の半月間、彼は病院について猛勉強した。連休前に彼が持ってきた「第1回100人会議」の事前配布資料案は、とてもよくできていました。ただ、わたしは、一つだけ注文を付けました。

「柴垣君、この資料案はとてもよくできている。感心した。だけど、そのいかにもお役所風の送付文書はいただけないな。この書き方では市役所の頭《ず》が高すぎる。委員は市長の下部機関じゃない。100人会議では、市民と行政と病院が対等な立場で議論しなきゃならない。いや、むしろ市役所はお願いする立場だ。本来なら、こんな会議が必要ないように病院をうまく運営するのが、設置者である市長の義務だよ。100人会議に参加すると言ってくれた市民は、ゆっくり過ごしたり遊びに行ったりしたい貴重な日曜日を5回も潰して参加してくれるんだ。それを踏まえて、僕らは会議に臨まなくちゃいけない」

頭の良い彼は、わたしの言いたいことをすぐに理解してくれました。

「市民を尊重し、対等な立場に立って、可能な限り情報を公開し、その意見を傾聴し、要望に誠実に対応し、不可能な場合には理由を明らかにして堂々とその旨を伝え、そのプロセスをきちんと記録に残す」

100人会議から引き続いた設計ワークショップ、そしてモデルルームの見学会などの運営で、彼はわたしが求める姿勢を貫いてくれました。

会議で配る資料の帳合やホッチキス止めも、毎回、夜遅くなるまで一緒にやりました。帳合機がないから一枚ずつ紙をとっていく。「僕こういうの好きなんだ」なんて言ってたので、柴垣君はわたしの仕事を「体育会系のノリだなあ」と思っていたようです。

こういう作業を一緒にやっていると、まわりの人たちとの一体感ができます。でも「やってやっているんだ」という気持ちが少しでもあると、ホッチキスのパチンという音が少し大きくなったりして、周囲はそれに気づいて引いてしまいます。

看護部長の落胆

2011年5月15日、日曜日の午後2時、100人を超える人々が、病院5階の大会議室に集まりました。これから何が始まるのか、皆が緊張した面持ちで、開会を待ち構えています。会場には多くの傍聴者が詰めかけ、多くの市議会議員の顔も見えました。新聞記者や地元ケーブルテレビの取材陣も集まっていました。

グループ討議が始まりました。グループは年代別に構成していました。久住町で「温泉付き公民館」の建設を手掛けました。その時の住民ヒアリングの経験から、同年代を集めた方が発言が出やすいと考えたからです。それが功を奏したのか、あるいは参加者の意欲の高さからか、自己紹介を終えて5分もすると、各テーブルでは活発に意見が出始め、途中から会場は熱気を帯び、急きょ部屋に冷房を入れねばならなくなりました。

全体コーディネーターを務めるわたしは、参加者が一人1回以上は発言し、全員が会議に参加している様子を見て、「第1回の目的は、とりあえず達成した」とホッとしていました。終了後、顔見知りの市民（自薦公募委員）から、「こんな会議は初めてだった。なかなかよかった」という感想を聞きました。グループ・コーディネーターのミーティングでも、委員から活発な意見が出た旨の報告がありました。「まずまずの出来だったな」わたしはそう感じていました。

ところが、病院スタッフの受け止め方は違っていました。翌日、看護部長のデスクのある「看護部室」へ行き、のんきに「昨日はお疲れ様でした」と挨拶すると、久米看護部長が泣きそうな顔でこう言いました。

「参事さん、私はもうボロボロで立ち直れません。もう次の１００人会議には出られません」

「どうしたんですか？」

「昨日の会議で、わたしは一番若いお母さんたちのグループにいたんです。そうしたら、彼女たちから、ずっとひどいことを言われっぱなしでした。古い、汚い。待ち時間が長い。言葉使いが悪い。サービスが悪い。もう針のむしろでした。中には『常滑死人病院』って呼んでいる人もいるって聞きました。市民は、私たちが毎日毎晩こんなに頑張っていることを、ちっとも分かってくれていません。つらくてつらくて、もう耐えられません。新病院なんてとても無理です」

患者想いで真面目な久米部長は、本当に傷ついていました。

「大丈夫ですよ。そのうちみんな応援団になってくれますから。もう少し我慢して付き合ってください」

そう言って、とりあえず慰めたものの「このまま看護部長のモチベーションが下がっちゃったら、ちょっとまずいな」と少し心配になりました。

他の病院スタッフも、意気消沈していました。「自分たちは、そんなふうに見られていたのか」。温厚な新院長は、怒りを抑えて、「みんな相当厳しかったね」と言っていました。

怒る副院長

翌日の火曜日、再び「看護部室」へ行くと、医局会議で市長に「今度は裏切らないで」と言った新副院長（前医局長）が来ていました。副院長は患者想いで、とても人気のある循環器内科医ですが、この時はすごく怒っていたんです。

「俺は正直腹が立った。あの会議のあった日曜日の前後、私が何をしていたか、参事さん、あなたは知ってますか？　自分は前の日の土曜日、夜間当直だった。普通なら夜勤明けで家に帰るところなのに、100人会議があるので、午前中は病棟を回って入院患者さんの様子を見て、午後から会議に出た。終了後、車で家路を急いでいたら、携帯が鳴って、出てみたら緊急の心臓カテーテル患者が運ばれてくるんで病院に戻ってきてくれって…。それで、途中のインターで降りて引き返して、夕方近くから心カテをやって、心配だから一晩中患者さんの様子を見てた。それで、月曜日は朝から外来。患者さんを40人も診た。2日間ほとんど寝ていなかった。俺たちは、こんなに頑張っているのに、100人会議の市民は全然分かってないじゃないか！」

副院長も会議中ずっと病院批判を浴びていた。でも、自分の立場や病院のことを考えて、じっと黙っていたのだそうです。その胸の中の思いを、私にぶつけたのでした。

その瞬間、わたしは「これだ！」と思いました。

「先生、それイタダキです。次の100人会議で、先生と救急外来の看護師のインタビューの時間を設けますから、その話をありのままにしてください。市民は悪気があるんじゃありません。ただ、知らないだけなんですよ。病院スタッフが何をやっているか、市民に伝えてください」

第2回のプログラムのメインは、そこで決まりました。

第1回の委員への配布資料には、「自己紹介シート」と「ふりかえりシート」を入れてありました。

「自己紹介シート」は、メンバーについて把握しておきたい情報で、これによって今後

▽自己紹介シート

1、自己紹介情報

2、市民病院の利用頻度

3、市民病院にどんな感想・イメージを持っていますか？

4、この１００人会議に参加するにあたり、ご自分なりのテーマや問題意識をお持ちであれば書いてください

▽ふりかえりシート

1、市民病院の現状説明・インタビューを聞いてどう思われましたか？

2、グループの他のメンバーの意見で印象に残ったことがあれば書いてください

3、今日の会議に参加して、自分のテーマ、問題意識が変わったり、付け加わったりしたことがあれば書いてください

4、今後の１００人会議に望むことがあれば書いてください

みんなで創ろう!! 新・常滑市民病院 100 人会議

の会議の運営方針を決めていきたいと思っていました。

「ふりかえりシート」には「この会議は、一方的に自分の主張を述べる場ではなく、他人の意見を聞きながら考え、より良い方向性を一緒に探っていく場にしたい」「主催者は、あらかじめ定めたシナリオにみなさんをはめ込んでいくつもりはなく、みなさんの関心の所在によってプログラムを変えていくつもりです」というメッセージを込めたつもりでした。

会議後回収された2種類のシートは、どれも真剣に記載されていました。グループ討議コーディネーターの反省会で回し読みした後、わたしはシートに記載された内容をパソコンに入力し、見出しをつけて分類・整理する作業をしました。他人に頼まなかったのは、集まったのがどんな人たちで、何を考えているのか、体で感じておきたかったからです。

シートを見ながら入力して分類作業をすると、同じ情報が最低3回は脳を通過することになります。記憶の定着にはこのループの回数が影響します。誰かが入力して分類してくれたペーパーを読むだけだと、情報は1回しか脳を通過しません。

ふりかえりシートは、毎回の会議終了後に記入してもらい、事務局で内容をまとめて、次回の配布資料と共に委員にフィードバックしました。委員は「自分の意見が取り上げられている」と感じるし、自分のグループ以外の委員の意見も知ることができる。100人会議の代表的な意見は、基本構想検討委員会の資料にも掲載し、専門家の議論の参考にしてもらいました。

第1回の自己紹介シートの入力をしていて気づいたことがありました。市民病院の利用頻度が低い人ほど、市民病院にマイナスのイメージを持っているということです。逆に、1度利用して、病気が治ったり、良いサービスを受けたりしている人は、「施設は古いが中身は悪くない」というイメージを持っている。「もっと病院を知ってもらわないと、正しい判断をしてもらえない」。この作業をしながら一番感じたのはそのことでした。

空気が変わった

バタバタと1カ月がたち、第2回の100人会議の日を迎えました。わたしは、資料の説明は簡単に済ませ、

「実は今日は、副院長、看護師長らにインタビューをする形で、当院の救急医療の実態を知っていただきたいと思います。副院長、前回の100人会議の前後3日間に先生がどのような時間を過ごされていたか、お話しください」と水を向けました。

副院長は、先に怒って話した3日間の出来事を、冷静に話しました。

「私は前回の100人会議前日の土曜日、夜間当直だった。日曜午前中は病棟回って入院患者の様子見て、午後から会議に出て…。家路を急いでいたら、携帯が鳴って、緊急の心臓カテーテル患者が運ばれてくるので引きかえした…」

2人の看護師長は、少ない医師とスタッフで、「24時間、365日、断らない救急」をモットーに懸命に対応していることや、病院をコンビニのように考えている患者とのトラブルなどの実態を話してくれました。

…わざわざ時間外にやってきて風邪薬をもらって帰る人。夜中に来て「目薬がほしい」というので「昼間来てくれませんか」というと、すごく怒ってけんかになった。女性医師

だと、つかみかかる人もいる…。

救急隊員からは「救急車を呼ぶ通報があって行ってみると、玄関の前で入院の用意をして手を振って待っていた」という話も出ました。

このことをきっかけに、会議の空気はがらりと変わりました。第1回のふりかえりシートには批判的な記述が大半だったのですが、第2回のふりかえりシートには、「救急対応は少ない医師で行っていて大変なことが分かりました」(30歳代女性)、「救急患者を100%受け入れているとお聞きして、市民病院のイメージはとても上がりました。」(40歳代女性)、「副院長さんの仕事のハードさにびっくりしました。ゆっくり休んでいただいて、万全の体調で手術などに臨んでいただきたいのですが…」(40歳代女性)、「コンビニ医療で安易に病院(救急車)を利用している市民が医療スタッフの勤務体制を悪くしていることを実感した」(50歳代女性)という好意的な記述が増えました。

初回は6~7割が新病院建設に反対でした。ところが、第2回以降、「市民病院は不要ではないか」という人々が、「どうしたら存続できるのだろう。問題は何なのか。どうしたら解決できるのか」というように変化してきたのが如実に分かりました。「ようやくスタートラインに立ったな」とわたしは思いました。

さて、次のステップをどう踏み出すか?

見学ツアーとプラカード方式

会議は退屈です。嫌々出てきて眠気をこらえるような会議ではやる必要はありません。飽きさせない工夫、出席してもらえる、引き込まれるようなプロデュースが必要です。

第2回の終了間際に、わたしは次のように案内しました。

「皆さん、2回の会議で少しずつ市民病院が分かってきたのではないかと思います。そこで次回は、『もっと知りたい!』という方のために、病院見学ツアーをご用意します。普段の入院やお見舞いではあまり見ることのできない放射線検査室や手術室などの見学も予定しています。希望者は、会議が始まる1時間前の午後1時に、正面玄関ホールに集まってください」

当日は、グループ討議に参加している各部署長をそれぞれの持ち場に待機させ、説明してもらうことにしました。「20人くらい来るかな?」と想像していたら、なんと集まったのは50人以上。急きょ2班に分けて、時間をずらして各部署を回ることになりました。

終了後にふりかえりシートを読むと、「とても良い設備があることが分かりました。安心して病院にかかれます」(30歳代女性)、「このレベルが市民にあまり知られていないのが残念です」(30歳代男性)、「外観に反してすごい機材がそろっていました」(50歳代女性）、「良い機会でした。もっと広く市民の方に知ってもらえるような『1日見学会』などを開催したらどうですか？」（60歳代男性）などと記されていました。

各部署長は、説明をしながら委員の好意的な反応を感じとったのでしょう。批判の集中砲火を浴びてすっかり失った自信を少し取り戻したようで、その日を境に積極的に会議に参加するようになりました。

2回の会議を経て、各委員の頭の中では、徐々に病院を取り巻く事情や問題点が明確になってきているようでした。ふりかえりシートを読むと、多くの委員が「テーマを絞って、深く議論したい」と書いていました。ただ、誰がどんなテーマでの議論を望んでいるか分からないし、手紙を出して尋ねている時間的余裕もない。

結局、次のような方法を思いつきました。

・まず、これまでの議論の内容から「新病院の経営健全化のために」「新病院と救急医療」「常滑市民病院と半田市立半田病院」「地域連携と広報活動」「市民が支える常滑市民病院」「新病院の診療機能」「常滑市民病院とがん医療」「女性が望む市民病院とは？」「選定テーマ以外について（フリートーク）」の9つのテーマを設定する。

・9人のコーディネーターがそれぞれ一つずつテーマを担当し、テーマを書いたプラカードを掲げ、テーブルに着席して委員の来場を待つ（プラカードは市民体育館から調達）。
・来場した委員は、資料を受け取り、一番興味のあるテーマのテーブルに着席する。
・人数が多くなってしまったグループは、別室に移動して議論を行う。
・最後に再度集合し、コーディネーターから各グループの議論の概要を委員全体に伝えることで、内容を共有する。

このやり方は好評で、ふりかえりシートには、「今回のグループ討議はよかったと思います。発言しやすいと思いました」（30歳代男性）、「今回はテーマを選択でき、話がスムーズに進んで、いろいろな年代の方の『市民病院への思い』の話が聞けたので良かったです」（40歳代女性）などと書かれていました。これは、討議の方法もさることながら、委員の理解が進み、議論ができるレベルになったことによるものだとわたしは感じていました。おそらく、前回の会議から1カ月の間に、これまでの配布資料を読み込んでくれた人が多かったのではないのでしょうか。「わずか3回の議論でここまでとは…。日本人のレベルは大したものだ」とわたしは思いました。

皆さんが退屈しないように、次回はどんな趣向を用意したらよいだろうか…。

コミュニケーション日本一の病院

「一度は全員で議論する機会があってもよいのでは？」ふりかえりシートにあったこの記述が、ずっと頭に引っかかっていました。「その通りだよな。今のままじゃ、10人会議×10だよな。だけどテーマはどうしよう？」

せっかく盛り上がってきたのに、散漫な議論になっては台無しです。それと、もう一つ心配があります。何だか流れが新病院建設の方に勢いづいていること。ムードで何とかなるほど病院経営は甘くありません。もう一度冷静に状況を見つめた上で判断してほしい。

「参事さん、そろそろ第4回のプログラム決めないと時間がありませんよ」と柴垣君が催促する。考えた末に、前半は「グループ・コーディネーターによるパネルディスカッション」、後半は「全体討議で新病院の基本理念を考えてもらう」ということにしました。

医療コンサル以外のコーディネーターは、病院経営の実態や厳しさを熟知しているから、今の常滑市民病院の状況では新病院建設がどれほど大変なことかよく分かっている。そのことをプロの視点からきちんと指摘してもらいたい。その上で、もし新病院の建設に踏み切るとすれば、一番大切なことは何かを考えてほしい。それを新病院の「基本理念」とするべきだ。市民と行政と病院が基本理念を共有できれば、新・常滑市民病院は、市長が求める「市民に支えられる病院」になれるかもしれない…。
パネルディスカッションでは、案の定、新病院建設に対して厳しい意見が多く出されました。「今の経営状況では新規投資は難しい。民間なら絶対にやらない」。

続いて、後半は、基本理念の議論となりました。前半のパネルディスカッションの議論の雰囲気が影響したのか、初めての全体討議だからか、滑り出しは低調でした。しかし徐々に、一人また一人と思いを語り始めました。

「もっと市民に病院を知ってほしい」「やはり救急がなければ存在意義がない」「常滑市民病院でできることとできないことがある」「半田病院や他の近隣病院や開業医ときちんと連携を」「職場環境の改善で人材確保を」…。

様々な意見が出ました。「そろそろ議論は出尽くしたかな。でも、なかなか決め手がないなあ」そうわたしが考えていると、旧知のジャーナリストが立ち上がりました。奥さんに引きずられ自薦のメンバーになった人です。

「今まで出た意見をまとめると、要するに『コミュニケーション日本一』の病院を目指せってことじゃないですか？」

しばしの沈黙があって、誰からともなく拍手が巻き起こりました。まるでドラマのワンシーンを観ているようでした。

「コミュニケーション日本一」。新病院の基本理念はこうして決まりました。

会議の終わらせ方

新しいことを始めるのは割と簡単ですが、うまく終わらせるのは難しいものです。100人会議をどう着地させたらよいでしょうか。前例はありません。

市役所幹部は心配していました。「山田さん、100人も集めてしまって、最後はどのような結論を出すのだろう」。

100人会議の皆の意見は、概ね「経営改善を前提に新病院を建設しよう」という雰囲気ですが、そのニュアンスは様々。「どんな病院にしたらよいか」と問えば、「コミュニケーション日本一」とは言ったものの、その具体的な内容は委員によってまちまちです。さらに、新病院を建設するかしないか、それを最終的に決めるのは市長であり、その前提として、建設予算案について議会の承認を得なければならない。そんな中で、意義があり、かつ委員に達成感を感じてもらう終わり方はないか。

考えた末の結論が、「私ならこう創る　常滑市民病院」シートでした。委員一人最低A4判1枚の提言書を書いてもらう。内容は自由。新病院建設に賛成でも反対でもよい。参考資料として「テーマ」と「視点」は示すが、これにこだわらなくてよい。100人分をまとめて冊子にし、基本構想検討委員会と市長に提出する。その後の取り扱いは市長に任せる。第4回の終了時に、趣旨を説明しシートを配布しました。

最終の第5回100人会議は、委員代表の提案で市民主導の運営で行われ、参加者全員の大きな拍手をもって終了しました。

「こんな面白い会議は初めてだった」

「これで終わったと思わないでほしい。ずっとウォッチしてるから、覚悟してくださいよ」

多くの委員は、名残惜しそうに、なかなか会場を後にしませんでした。

傍聴席の議員たち

100人会議で特異だったのは、市会議員が傍聴に来ていたことです。5回すべての会議を傍聴した議員も数人いました。

それまで病院が議会に提出してきたデータは、事務局がわざと分かりにくく作ったとしか思えないものでした。問題の構造が分からないのでどこをどうすればいいか分からない(実は事務局も分かっていなかったのです)。それでも、議員の中の当事者意識のある人達は「病院について判断すべき時期が来るまで、病院や医療についてもっと勉強しておきたい」と思っていたようです。100人会議は格好の場でした。

議員に個別に聴くと「病院は無理だろう」という人が多かった。でも、自分から「病院がいらない」とは言い出せません。彼らは市民がどう思っているか知りたかったのでしょう。彼らは、100人会議参加者の意見の大半が「病院は不要」から「経営改革を前提に新病院を建設しよう」に変わっていく過程を間近で見ていた。このことは後の市議会での意思決定に少なからず影響を及ぼしたと思います。

普通は市民が傍聴して、議員が決定をする。100人会議は面白い機能を果たしました。

わたし自身は、100人会議が行われていた当時、病院建設には賛否いずれでもありませんでした。市長は新病院建設を表明し、収支は改善しつつあるとはいえ、新病院建設に向け確信が持てたのは2012年2月に病院の経常損益が単月でプラスマイナスゼロになった頃で、これよりずっと後です。

100人会議では、病院を存続させるとすれば相当な覚悟が必要だということを示す思いから、あえて「わたしは廃院にした方がいいと思っています」と発言していました。議論を深めるための発言で、内心は「どちらでもいい」でした。

人間はやりたい思いが強すぎると、マイナスの材料を無視する傾向があります。仕切り役は、「どちらでもよい」くらいのスタンスがちょうどいいのだと思います。

出席以上の存在感

100人会議と並行して開催した「基本構想委員会」には、医師の主な派遣元である名古屋大学と藤田保健衛生大学の3人の教授に委員として入ってもらいました。

教授はすごく忙しくて、なかなか日程が取れません。でも、ほとんど欠席ということだと世間から「大学は本気でない」ととられかねない。欠席の教授にあたかも出席しているような存在感を与える方法はないか？

わたしは毎回の基本構想委員会の前にアポをとって、欠席予定の教授を1人ずつ訪問するようにしました。そこで意見を聞いて、そのコメントを委員会で発表する。これだと議事録にも載ります。発想の原点は、霞が関官僚が各種審議会の委員に行う事前レクです。審議会の主要な委員に、資料の内容を詳しく説明し、委員の感触を探るために行われる。公式の審議会の場では、事務局は各委員と突っ込んだ議論はできないので、官僚にとっては貴重な機会です。委員の方としても、自分が重く扱われているようで悪い気はしません。

教授には「いつでもいいから時間をください」とお願いして訪問します。大概、1時間くらいは時間をもらえます。２時間の委員会で12名の委員が発言できる時間は、１人５分程度。でも、事前レクでは資料をじっくり説明し、30分は教授と対面で意見交換ができます。教授にも実際に会議に出るより参加感がある。公の場ではないので、本音も出ます。

何度も行けば、顔を覚えてもらえるし、ついでに医師派遣のお願いもできる。教授の方は、こちらから無理を言って委員の就任を依頼したにもかかわらず、「欠席しているのに、わざわざ来てもらって申し訳ない」というような気分になるらしく、「医師は足りているか。何ならもう1、２名送ろうか」などと言ってくれたりします。

欠席の多かった教授が、常滑市民病院のことを一番よく理解してくれたかもしれません。

コンサルの使い方

わたしが好きな短編小説の一つに村上龍の「空港にて」があります。

物語の中で、村上はコンサルティング会社勤務のサイトウに次のように語らせています。

「ほとんどの日本の経営者は勘違いをしていて、高いコンサルティングフィーを払っているんだから、生産性を上げるソリューションをとにかく示してくれって言う人が多いんだな。お聞きしますけど、あなたは何が問題だと思っているんですか？　そう聞くと怒り出す人もいる。それを考えるのがお前の仕事だろうって怒り出すんだけど、要は何が問題なのか分かっていないから怒ってごまかすだけなんだよね」

今日、行政の仕事、特に企画力を要する仕事にコンサルの存在は不可欠になりました。わたしはその必要性を否定しません。しかし、行政のコンサルの使い方の大半は、村上がサイトウに語らせている経営者のやり方と同じだと思います。

行政職員は考えることを放棄し、楽をして、コンサルに丸投げしているように見えます。そんな行政を相手にすると、コンサルは無難な路線を選ぶ。リスクはとらず、日本全国どこでも行われているようなやり方を示す。企画書は、委託者の自治体名だけは違うものの、中身はほとんど同じです。

わたしはそんなやり方は絶対しないように心掛けています。「問題は何か？」を考えるのはわたしの仕事。データの収集はコンサルの仕事。問題状況の分析と解決策の検討は共同で。提案書の作成はコンサル。チェックと関係者への説明はわたし。わたしが出すオーダーはきついし、チェックも厳しいけれど、そのことで不平を言われたことはない。むしろ、「こんなやり方はどうですか」「こんなデータもありますけど」などと提案されることはよくあります。コンサルの実力があればあるほど、成果物の質が上がっていきます。

基本構想の支援業務を受託した医療コンサルは、予測外の100人会議につき合わされ、かなりの人員と労力を割くことになりました。普通なら、過去に受注した同じような条件と規模の公立病院の基本構想をちょっと加工して成果物を作ればよかった。

でも、運悪く「考える発注者」に遭遇してしまったのです。結局、基本構想のかなりの部分は、わたしが書き下ろすことになりました。コンサル会社からコンサル料が欲しかったぐらいです。ただ、良いデータは揃えてもらいました。発注側にそれくらいの気迫がないと、コンサルの力を最大限引き出せないし、大した仕事はできないと思います。

「人」を選ぶ設計コンペ

新病院の設計には、利用者である医療スタッフや市民の意向をきちんと取り入れさせる必要があります。そこで、設計会社の選定に「担当者の『人』を評価する」という要素を盛り込みました。

公共建築物の設計者は、かつては入札で決めていました。委託料が安いところが落札する。どこも同じ施設でよければそれでよい。公共施設が足りない時代はそれでよかったのですが、施主側のニーズが多様化・高度化すると「設計コンペ」が行われるようになりました。設計者を公募して条件を示して「設計プラン」をつくらせ、プレゼンをさせる。一番良い提案をした者を選びます。設計料は、国の積算基準をもとに、交渉で決めます。

ところが、設計条件を詳細に出せば出すほど、提案される設計の内容は似通ってくる。首長や自治体幹部らが審査員をしますが、普通は設計図なんかちゃんと読めません。何で決まるかというと、「プレゼンが上手か」ということが一つ。もう一つは「パース（完成予想図）の出来が良いかどうか」です。「この色がいいね」「形がいいね」で決めちゃう。でも、色は後からどうにでもなるし、外観は良くても使いにくい建物も多い。

わたしは、過去の経験から、「その建築の〝意味〟をどう理解しているか」、「その建築を利用する人やそこでの活動をどれくらい理解しているか」、「地域の自然、歴史、社会状況などにどれくらい思いをはせているか」という観点で設計者を選びたいと思っていました。「この人と仕事をしたいな」と思えるような人を選びたい。

新病院建設室長も「大手建設会社の実力はあまり変わらない。問題はどこの会社にするかではなく、担当者がどんな人かだ」と考えていました。

設計会社には「プレゼンのプロ」がいます。「あの人はいいな」と思っても、実際の現場監督をやる人は全然違うこともある。そこで、「選定された暁に、現場で統括、意匠、設備、電気を担当する人から直接話を聴きたい。プレゼンと実際で人が変わるようなら、選定を取り消す」という条件を付けました。

エントリーした5社には、基本構想だけでなく、100人会議の「私ならこう創る 常滑市民病院シート」の冊子を読んでくるように頼みました。「自分がつくりたい建築」をつくりたい人とは仕事がしたくありませんでした。能力の高い人は得てして、自分の考えを他人に押し付ける傾向があります。

審査委員は名古屋大学工学部の教授2人、二村先生、院長、副市長とわたし。わたしは「あなたの設計は、基本構想や100人会議の議論のどこをどう解釈して形にしたものなのですか?」と質問しました。そして選ばれたのが日建設計のチームでした。

日建設計は建築業界でも一番プライドが高いといわれます。建築雑誌に載る、格好のいい建物を建てる集団です。過去に設計を依頼した施主に訊くと「能力は抜群。建設後に職員からのクレームはゼロ」という人もいれば「ちっともこちらの言うことを聞いてくれない」という人もいました。最初のミーティングでわたしは言いました。

「建築は芸術作品ではない。公共建築は、住民や職員に愛され使い勝手が良く、地域の誇りとされるものでなければいけない。市民目線、素人目線を取り入れて、話し合いながら現場主義で設計をやっていきましょう」

「公共建築に、ユーザーである市民の意見を取り入れるプロセスがないのはおかしい。

そういう時代が到来しつつあります。正直予算は限られています。でもプロセスでは日本一のことをやって、日本建築学会賞を目指しましょう」

その後、愛知県内で、市庁舎や市立図書館の建設に関して、基本設計が完了していたにも関わらず、住民世論の高まりによって住民投票が行われ、計画の見直しを余儀なくされる事態が起きました。わたしは、これらの事例では、構想や設計の段階での市民参加のプロセスがうまく設定できなかったことが、混乱を招いた原因の一つではないかと考えています。公共建築の「オーナー」である「市民」のレベルが上がり、「建築のことはわからないので、プロにお任せ」という世界ではなくなってきたのです。

また、わたしは、日建チームに「まず常滑のまちを見てほしい」と言って、1日かけて5人を案内しました。常滑の全体像、地区ごとの特色、建設予定地のポジション、常滑の自然、歴史、産業、社会状況などを頭に入れて、病院の設計をしてほしかったのです。

病院正面ゲートの門柱は「レンガ煙突」の形で、表面には東京駅舎の復元に使われた特注のタイルが貼られています。常滑のアカイタイルが焼いたものです。在庫を安く分けてもらいました。ロータリーの擁壁は、観光コースである「やきもの散歩道」の土管坂をイメージしてデザインされています。

設計ワークショップ

2012年6月、柴垣君がわたしの部屋に来て言いました。

「100人会議が終わってから、何人ものメンバーから『設計部会はまだか』という問い合わせというか圧力があるんです。基本設計が固まってしまうと、市民の意見を取り入れる余地がなくなってしまいます。やるなら今しかありません」

「わたしもできればやった方がいいと思うけど、うまくいくかな？ 病院の職員だって図面をちゃんと読める人は少ないでしょ。市民が対象なら、病院にどんな機能や施設が必要かということから始めなきゃならないよね。大変だよ」

「だけど、これでやめてしまったら、100人会議の人たちはがっかりしますよ」

病院建築は、他の建築に比べ専門性と複雑性が高い。医療（診察、検査、処置、調剤、手術など）だけでなく、住まい（病室、トイレ、風呂、厨房など）、オフィス（医局、看護部、事務局、スタッフステーション）、バックヤード（医療機器の管理、物流、洗濯、掃除など）と様々な機能があり、日建設計の担当者も「まちをつくるようなもの」だと言っていました。素人がちょっと図面を見ただけで、意味のある議論はできません。

「病院設計に市民の声を入れる」。これを実現するためには素人の市民とプロの設計者の情報の「格差」を縮めなければいけません。30人ほどで「基本設計に関するワークショップ」を開催することにしましたが、次のようなプログラムを考えました。

第1回は「病院に必要な機能と病院建築についての講義」、第2回と第3回は優良病院建築の視察。第4回目以降に図面を見る。いきなり意見を言う前に「病院建築」を勉強してもらうことにしたのです。

100人会議と同様、毎回の会議の終わりにふりかえりシートを記入してもらい、参加者にフィードバックすることにしました。視察先は名古屋市の南生協病院、安城市の八千代病院を訪問しました。参加者にとって、患者としてではなく、設計者の視点で病院建築を見るのは初めての経験でした。ふりかえりシートを読むと、3回にわたる「勉強」の成果が着実に表れてきたのが分かりました。「過去の経験に基づく断片的な要求」ではなく、「総体としての病院建築を見る目」が養われてきたようです。参加者全員が、新常滑市民病院の図面を見たくてうずうずしているのが分かりました。

第4回と第5回は3グループに分かれて、大判の平面図を広げてのワークショップです。そのころ完成した立体模型も見ながら活発な議論が行われました。病院建築はさまざまな機能から成り立っているので、ある機能を優先させれば、他の機能を犠牲にすることになります。そのバランスの中で考えて全体として最適なものにしていく。わたしは参加者にそのような考えが生まれてきたなと感じました。

時間をオーバーしてもすべての図面を見終わりません。メンバーから自発的に「次回の予定開始時刻は午後2時だけど、私たちのグループは1時に集合したいから、その時までには会場を開けておいてほしい」との要望が出ました。さらには「図面の検討は2回では足りない」ということになり、第6回も追加されました。

日建設計も本当によく付き合い、受け入れられる要望にはすべて応えてくれました。設計図にはワークショップの議論を取り入れて、毎回修正が加えられました。6回にわたるワークショップの成果は、途中で設計図に盛り込まれた提案を除き、メンバーの最終的な意見・提案とそれに対する病院・設計者側の対応の方針を記した冊子にまとめられました。

最終回のふりかえりシートには次のような感想が記されていました。

「設計への意見の反映がワークショップのステップごとに確認できたのはよかった。それをうまく情報伝達して、今後の市民参加の意欲を形成していっていただきたい。協力要請があればいつでも参加します」「メンバーが貴重な時間を割いて自分の家を設計しているかのように真剣に取り組んでいる姿にいつも感心しました。私もその一人だと思うと誇らしいです」

基本設計はほぼ固まり、なかなか良い病院ができそうな気がしてきました。経営状況もかなり良くなってきました。

しかし、物事がうまく進んでいるような時に限って、落とし穴が口を開けて待っています。

話が違う！

2012年11月、市議会全員協議会は大騒ぎになりました。これまで「新病院にかかる事業費は概算で80億円」と説明していたのを「80億円のつもりが113億円になりました」と説明したからです。

当初、80億円という額を出した理由は二つあります。

ロードマップをつくった2年前、予定していた建築費は国が国立病院建設費の基準として公示した最低の単価を使って積算しました。当時は民主党政権下の公共事業削減の流れの中で、建築業界は冬の時代です。病院建設工事は低価格での落札が続いていて、この傾向はしばらく続くと見ていたのが一つ目の理由です。

二つ目の理由は、病院の収支計画です。2年前の状況では、新病院移転後の大幅な収益改善を見込むのは危険が大きすぎました。医師確保のめどもついていませんでしたから、建設費を抑えざるを得ません。「最低限の施設で、30年後には造りなおす」。そんなイメージでしか計画が組めませんでした。

ところがその後、東日本大震災で、建設需要が増え、資材も高騰しました。

基本設計を始めてみると、夢は膨らみ、欲も出ます。病床数が250床から267床に増加しました。管理課長が「収支予測を再計算してみたら、250床では収入が足りない」と言い出した結果です。大学行脚で医師増加も期待できるようになったため、病床数を増やすことにしました。東日本大震災の経験を踏まえ、免震構造を採用しました。そんなことが重なり、事業費は113億円になったのです。

病院事務局で検討を繰り返しましたが、規模縮小や機能削減で建設事業費を減らすと、それによる収益減の方が大きいことが分かりました。「投資なくして回収なし」というよりも「回収しなければ病院はつぶれる」という状況でした。計画は状況の変化に適合させるように変更しながら実施しなければなりません。

「話が違う!」「80億と言ったから賛成したんだ」「病床を減らせ」「構造を変えろ」…。多くの議員たちが口々に叫びました。「事業費を削るとむしろ経営を悪化させる」と説明しましたが、議員が簡単に納得するはずもありませんでした。

１００人会議の代表の一人が病院に駆け込んできて「そんなに金がかかるのだったら規模を縮小すべきだ」と言います。わたしは「問題は初期投資の額の大小ではなく、その後の経営ですよね。規模を縮小すれば益々経営は厳しくなります」と答えましたが、納得できない様子です。

市長からは「商工会議所の関係者が『素人の山田が日建設計にだまされて高い買い物をしようとしている』と騒いでいる」と聞かされました。

日建設計にも市議会全員協議会で説明をしてもらいました。事業費に関する議会の厳しい雰囲気を知ってもらいたかったからです。「建物の形を変えろ！」「外壁タイルを剥がせ！」。彼らの設計者としての生命線を脅かす意見も出ました。担当者は、定められた予算の中で優先順位をつけなければならないことを、身をもって感じたはずです。

わたしは市の監査委員を務めている税理士さんに会いに行きました。彼は、この2年間、病院の経営改善を毎月確認し、高く評価してくれている人で、経営計画を詳細に検討した上で、こちらの考えをよく理解してくれました。

議会の集中審議の第2回目にその税理士さんを呼びました。彼は、新病院の経営計画に対する評価を述べました。その後、白熱した議論があり「何としても１００億円以内に事業費を抑えろ。それを条件にプロジェクトを進めてよし」という了承を得ました。

年末の懇親会の時、議員の一人に「あの税理士を連れてこられては、何も言えないよな。山田さん、あんたの作戦勝ちだ」と言われました。


資金問題では2012年12月の総選挙で自民党が大勝し、政権が民主党から自民党に移った際に、追い風がありました。

安倍政権は、「3本の矢」の一つとして「機動的な財政政策」を打ち出し、大型補正予算の編成に乗り出しました。

民主党政権時代に、補正予算で「医療施設耐震化交付金」が新設されていました。わたしは、安倍政権は補正予算編成のスピードを重視しているので、霞が関が新たな補助金メニューを考えている暇はないだろうと思いました。東日本大震災の記憶もまだ生々しい頃です。医療機関耐震化交付金は、再度予算化されるとみて、狙っていました。

結局、この交付金と「元気臨時交付金」の合計12・72億円が得られました。おかげで予算オーバー分の建築費などの財源確保ができました。これがなかったら新病院はできていなかったでしょう。

「三方一両損」と「三方良し」

わたしが高校3年生だった時、父は、東京の郊外に「夢のマイホーム」を建てました。建築は親戚の大工さんに頼みました。その人が「設計士が設計すると造りにくくて、雨が漏ったり、トラブルが起きやすいんですよね」と言っていたのが、ずっとわたしの頭に残っていました。

設計と建築が分化したのは明治時代だといわれます。「最後の宮大工」といわれる西岡常一さんの著書『木のいのち　木のこころ』には次のようなくだりがあります。

とにかく明治以来、建築学者というのが出てきた。そして設計事務所ができて、分業になりましたわな。設計は設計事務所、積算は積算というふうに。昔の棟梁は、石から材木から、いっさい自分の責任でやったんですな。今じゃ材木は材木屋、石は石屋というふうになってしもうた。それもたんなる職業で、道具が使えるだけの道具使いになってしもうた。

設計と建築が分業しているのは仕方がないとして、もっと施主・設計・建設の三位一体となった仕事ができないか。新病院の建設では、職員からの提案で、全国に先駆けてECI方式（Early Contract Involvement）を導入しました。

公共工事では通常、設計業者が基本設計と実施設計を行い、細かい仕様を決定してから施工業者が入札し、最も安い金額の入札者を落札者とするやり方をします。

しかしECI方式では、実施設計の前に施工業者を選定し、施主、設計会社、施工業者の3者が共同して、コストダウンや品質維持を図りながら実施設計を作り上げていきます。

この方式の成功のカギは、何といっても

「施主、設計会社、施工業者の3者が目標を1つにしてやっていける人間関係と信頼関係と雰囲気ができるかどうか」

施工業者が設計会社に過度な遠慮をしたり、施主が不勉強でリーダーシップを取れなかったり、互いに自己主張をぶつけ合ったりしていては、「安くて良い建築」はできません。

施工業者はコンペの結果、鹿島建設に決まりました。こういう時は、最初が肝心です。

その思いは柴垣君も同じだったようで、施工業者決定の直後、「山田さん、早速〝キックオフ・ミーティング〟をやるので、冒頭一発気合の入る挨拶を頼みます」と言います。どう言ったら、彼らの心に響くでしょう。前日の入浴中にある言葉が頭に浮かびました。

翌日、病院の2階会議室に約20人が集まりました。わたしは、これまでのことから話をはじめました。

度重なった新病院建設計画の延期、落ちるモチベーション。「死人病院」という市民の陰口。そこから病院職員が必死で頑張り、年間5億円以上の経営改善を達成した。3年前のことを思うと、日建、鹿島のみなさんとこんな会議が持てるなんて、夢のようだ…。

「とにかく、新病院には全市民の注目が集まっています。そして、このプロジェクトには常滑市の命運がかかっています。日建さんは、金はいくらかかっても見栄えが良く高品質な建築をつくって、何らかの〝賞〟が取りたいでしょう。鹿島さんはなるべく〝利益〟を出したいでしょう。施主は、〝良い〟建築をなるべく〝安く〟つくりたい。思いは三者三様で当然です。江戸南町奉行大岡越前の『名さばき』の一つに『三方一両損』というのがあります。われわれ施主も譲れるところは譲ります。日建さんも鹿島さんも数歩ずつ譲っていただきたい。そして、3者が良きパートナーシップのもとにプロジェクトを成功に導くように、ご協力を頂けないでしょうか」

会議終了後、日建と鹿島の両統括がわたしに歩み寄り、握手を求めてきました。「今日はいい話を聴きました。常滑のみなさんの病院にかける熱い想いがよくわかりました」「精いっぱいやらせていただきます」2人はそう言ってくれました。「とりあえず、スタートラインには立てたな」とわたしは思いました。

それで、わたしはその気持ちを態度で表すために、地元の居酒屋にみんなを招待して、ポケットマネーで「キックオフ宴会」をやりました。皆は「こんなのやってもらったのは初めてだ」と言っていました。


その後、わたしが出席しただけでも10回のVE協議（建物の機能を低下させずに請負代金を削減する会議＝Value Engineering）を行いました。場所は原則として日建設計の名古屋支店の会議室。そのたびに常滑組は名古屋まで出かけていきます。日建と鹿島のオフィスはすぐ近くです。わたしは「3者は対等なパートナーだ」と宣言しました。お役所がよくやるように、威張って業者を呼びつけるようなことはしたくありませんでした。

市議会の全員協議会での体験が、日建設計が積極的にVE協議に取り組んでくれるきっかけになったとわたしは思っています。設計チームも施工チームも「人」で選んだこともあり、総じて現場はとても良い雰囲気で、「目標金額内でいいものをつくろう」という意識で全員が統一されていました。

ところで、鹿島の現場事務所長は滋賀県近江の出身の人でした。業界紙のインタビューで「山田さんの『三方一両損でいきましょう』という言葉が印象に残っていますが、『三方良し』の現場だったのではないでしょうか」と話していました。

「売り手良し」「買い手良し」「世間良し」。「三方良し」は近江商人の心得を言った言葉ですね。わたしの「三方一両損」を「三方良し」と受け止めてくれたのは嬉しいです。

創りあげる

玄関あいさつと病院祭

わたしは2012年4月に副市長になりました。退路を断つ意味で、総務省を辞職しました。人事担当の参事官からは「退職金が少なくて申し訳ないな。あと10年フリーで稼ぐのは大変だぞ。まあ、退職しても仲間だと思っているから、困ったことがあったら遠慮せずに相談に来てくれ」と有難い言葉をいただきました。病院に「副市長室」を設けてもらいました。「コミュニケーション日本一」の病院目指して走り出さなくてはいけません。しかし、「コミュニケーション日本一」と言っても抽象的です。そこで、100人会議の想いが伝わるように3本の柱を立てることにしました。

【基本理念】

私たちは、小さいからこそできる「コミュニケーション日本一の病院」を実現します。

★私たちは、「3つのコミュニケーション日本一」を実践します。

1. 顧客コミュニケーション

患者さんはもとより、市民の皆さんのニーズをしっかりと受けとめ、適切な情報を提供し、人間味豊かな医療・予防サービスを実践します。

2. スタッフ間コミュニケーション

自らの専門性を最大限に発揮しつつ、互いの垣根を超えて協力し、病院全体が一つのチームになって、患者さんのために、質の高い医療を実践します。

3. 地域連携コミュニケーション

地域の医療機関、介護福祉施設、行政などと連携し、一体となって、市民の皆さんが、健康で安心して暮らせる地域社会を実現します。

この中で、特に大事なのが「顧客コミュニケーション」です。

病院幹部の中には「『顧客』という言葉は、『商売』を連想させる。医療はサービス業や商売じゃない。病院の基本理念にはなじまない」という意見もありました。

しかし、久米看護部長は「今までの常滑市民病院は、サービス精神が欠けていたからこそ市民に見放されかけていた。新病院は患者に選ばれる病院にならなければいけない。『顧客』という言葉に違和感は全くない」という意見でした。

わたしが「顧客コミュニケーション」の一環として最初に取り組んだのが「玄関あいさつ」です。4月2日から始めました。毎週月曜日の朝、新事務局長、管理課長、業務課長、新病院建設室長とわたし、それに、医療事務委託先の責任者が、旧病院正面玄関と南通用口に立って、8時30分から9時までの30分間行うことにしました。

来院者に「おはようございます」と声をかけると、皆一様に驚いた顔をします。そして、名札をのぞき込む。「今日は何事かい？」と尋ねる患者さんもいます。「朝のごあいさつです」と答えると、「ほー、病院も変わったもんだな」と言って院内へ入っていきます。

思わぬ副次的効果もありました。駐車場の利用状況、来院者の年齢や状態、車椅子の利用状況などについての生の情報を入手することができたのです。これは、病院の設計を進める上で、非常に有益な情報となりました。

2015年5月の新病院の開院直後は、院長、副院長、看護部長、副部長も積極的に玄関前に立つようになりました。

それ以前から、久米看護部長は、地域とのコミュニケーションに熱心でした。100人会議で、当初は6～7割の参加者が新病院建設に否定的だったのに、終盤には「私たちが市民病院を支えていかなければならない」という考えに変わっていくのを見て、大いに心を動かされていました。「病院の中で医療をしているだけではダメだ。１００人会議の委員の期待に応えるためには、私たち看護部が地域に出て行くしかない」。彼女は決意しました。そしてまず、市内の様々なイベント会場でブースを設けて、血糖値や骨密度を測定し、その結果を踏まえて健康指導を行う「健康ひろめ隊」を始めました。

その久米さんが、２０１２年が明けて、忙しい冬場に、わたしのところに来て「病院祭」をやりたいと言います。元女剣士の彼女は一心です。

「病院を市民に開放して、みんなに来てもらって、病院に親しみを持ってもらいたい」

「それはいいことですけど、今看護師さんたちは忙しくてヒイヒイ言ってますよ。無理しないで来年からでどうですか。あんまり飛ばすと息切れしちゃいますよ」

「どうしても１００人会議があった今年度中にやりたいんです。私は１００人会議が最初嫌だったけど、あれで、情報発信が大事だということに気がついた。とにかく今やらないと意味がない」

彼女はそう言って、止めるのも聞かず、看護部に呼び掛けて準備を始めてしまいました。しかたなく事務も手伝いました。

3月18日の日曜、病院祭当日、10時半ごろ病院に着いてみると、いつもの病院とは全く違う、まさにお祭りのような雰囲気でした。正面玄関前にはテントが張られ、焼きそばを焼くいい匂いがしています。院長が餅をついています。院内のいたるところに飾り付けがされ、ロビーでは副院長がギターを弾き、看護師が歌っています。血圧や血糖値や骨密度を測る健康チェックコーナーは黒山の人だかり。バザーの会場もあります。「手術室見学ツアー」では、手術着姿の看護師たちが模擬手術をやってみせる。人形を使って、お腹の部分に手術の練習用のキットを載せて、切ったり、縫ったり。

見学者の眼はキラキラ輝いていました。想像もしない数の市民が、病院に「遊びに」来ていました。病院祭は新病院に移ってからも続き、「コミュニケーション日本一」を目指す病院を象徴するイベントになりました。

副市長カフェと診療手当

「職員間のコミュニケーション」のお手本は野中時代前看護部長でした。

ある早朝、看護部室に顔を出してみると、野中さんは既に出勤していました。そこへ、当直明けの研修医が半分寝ぼけた様子で入って来ました。「先生、当直お疲れ様！　お腹減ったでしょ。これ食べて元気出しなさい！」彼女はそう言うと、アルミホイルに包んだ手作りの炊き込みご飯のおにぎりを差し出しました。「はい、山田さんもどうぞ！」。研修医はおいしそうにおにぎりをほおばっていました。「母親の愛情」という感じでした。

その朝のことが、深く印象に残りました。わたしは医療の手伝いはできないけれど、少ない人数で頑張っている医師たちに、何かしてあげられないだろうか？

常滑市民病院の医局（医師のデスクが並んでいる大部屋）は、管理棟の3階にありました。何となく近づきにくい雰囲気が漂っています。


病院内に副市長室を設けて一年が経った2013年4月3日の午後、わたしは思い立って医局のラウンジへ行ってみました。医師数人と研修医がいて、彼らとしばらく雑談をしました。そして、思い切って、コーヒードリップセットとチョコレートを持って再びラウンジへ上がり、コーヒーを淹れて医師たちにふるまってみました。出張カフェにはラッセルホップスの電気ポットがとても便利。お湯がすぐ沸き、注ぎ口が細くて長いので、ドリッパーにお湯がうまく注げます。

出張カフェは、予想外に好評でした。香りを嗅ぎつけて、さらに数名の医師たちが集まってきました。コーヒーと菓子があると、なぜか会話が弾みます。これが「副市長カフェ」の始まりです。

ほぼ週1回のペースで開店しました。「今日は開店しないんですか？」「え〜、もう終わっちゃうの?」と言われたこともあります。デスクに引き籠っている医師のところへ「出前」をすることもありました。そうすると、そんな医師たちが少しずつラウンジへ出てくるようにもなりました。

出張カフェをやって感じたことが三つあります。一つは、「医師たちは総じてコーヒーが好きだ」ということ。特に濃い目のコーヒーが好きなようです。かなりストレスが溜まっているのでしょう。

二つ目は、とっつきにくそうに見える医師でも、実は結構話し好きだったりするということ。医師にはシャイな性格の人が多いのかもしれないし、仕事が忙しすぎて、医師以外の人との交流の経験が少ないのかもしれません。患者に必要以上のことを言わないように気を付けているうちに、日常生活でもそうなってしまっているのかもしれません。

三つ目は、経営状況や人事給与制度、新病院の建設スケジュールなどの院内情報が医師たちにはあまり伝わっていないということ。そして、誤った情報が「噂」として流れて、信じられているということです。出張カフェは、いつしかわたしと医師たちとの大事なコミュニケーションの場になっていきました。

一方で医師の「診療手当」に手を付けました。公立病院の医師の給与は公務員の医療職給料表で決まっています。でも、それだけだと安すぎて、特に民間病院経験者の場合にはモチベーションが落ちてしまう。そこで特別手当を設けているのです。

診療手当の財源は「病院業績」（3カ月毎の入院・外来収入－個室料－代務医師の給料－材料費－寝具料　で計算します）の3％。当初はこれを基本給比例（ということは年功序列）で配分していたのですが、「業績給」の性格を持たせました。担当した入院・外来患者数のほか、技術料、救急車搬送への対応件数、紹介患者への対応件数、初診件数、検査オーダー件数などで貢献度指標をつくり、それに基づいて配分することにしました。財源も「病院業績」の4％に引き上げました。頑張って収入が増えれば、配分のパイも増える。

医局会議では、「チームワークを乱す」「不要な医療を助長する」「医療事故の原因になる」などの反対意見もありましたが、院長は方針を枉《ま》げずに頑張ってくれました。手当が減る人の抵抗は激しかったですが、医師の意識は大きく変わりました。

辛口部長の涙

旧病院の「副市長室」は、病院の管理棟の2階で、真下には救急外来があります。その日の夕方も、救急車が入ってきました。仕事を終えたわたしが、階段を降りて通用出口から帰ろうとすると、廊下に顔をこわばらせた市役所のT部長が立っていました。

「どうしたんですか？」

「実は、おふくろが畑で倒れて、救急車で運ばれて、今診てもらっているんです」

T部長のお母さんは、その日の午前中、畑に出ていて脳内出血で倒れたらしい。夕方近くになってようやく発見され、病院に担ぎ込まれました。看護師長は脳神経外科の先生の名前をあげて「今、診てくれている。でも、倒れてからだいぶ時間がたっちゃっている。ちょっと厳しいかも」と言いました。心配そうなT部長に「大丈夫ですよ。あの先生は名医だから」と慰めを言って、帰宅しました。

翌日から、売店前の廊下で、頻繁にT部長を見かけるようになりました。

「お母さん、どうですか？」

「先生が8時間もかけて手術してくれました。話しかけると反応し、少し手が動くようになってきた。『ダメだと思っていたけれど、頑張るなあ』って先生もびっくりしてる」

部長の母上は、奇跡的に命を取り留めただけでなく、数か月後には車いすに乗れるようになり、隣の半田市にあるリハビリテーション病院に転院していきました。完全回復とはいかないものの、部長はとても喜んでいました。

「おふくろがあのまま死んでしまっていたら、なぜ早く見つけてやれなかったのかと、自分は一生後悔したと思う。市民病院があって、本当によかった」

部長は辛口の人でした。幹部会議では、よく職員の勤務態度に苦言を呈していました。市民病院に対しても「今の常滑市民病院には『売り』がない。赤字の市民病院は廃止した方がいい」などと言っていました。

お母さんの入院から1カ月ほど後、市の幹部会で、部長は意外な発言をしました。

「本庁職員は病院職員を見習うべきだ。自分は母親が入院してから頻繁に市民病院に出入りするようになったが、職員のあいさつが実にいい。医師は真剣に患者に向き合ってくれる。看護も丁寧で優しい。かつての市民病院とは大違いだ」

わたしは「少しずつ意識改革の成果が表れてきているな」と嬉しくなりました。そこで、部長に頼みました。「毎月やっている病院の朝礼で、職員に今の話をしてくれませんか」

3月の朝礼で、T部長は話をしてくれました。

「年末、母が脳内出血で倒れ、市民病院に運ばれました。発見が遅れたため、当初、回復は難しいかと思っていました。しかし、先生たちの適切で粘り強い治療とスタッフの献身的な看護のおかげで奇跡的に回復し、転院できることになりました。市民病院に足繁く通うようになって気づいたことは、スタッフのあいさつが素晴らしいこと、意識改革が進んでいること、皆親切だということです。本庁職員は病院職員を見習わねばなりません。地域住民のニーズに応えられるよう、中途半端でない、ちゃんとした新病院をつくってください。私は今月で退職しますが、一市民として、応援しています」

話の途中で、部長は突然声を詰まらせて泣き出しました。聴いている職員たちは、もらい泣きをしていました。院長もとても嬉しそうでした。

「市民とこんな関係が創れれば、もしかしたら新病院はうまくいくかもしれない」

そう思わされた出来事でした。

巨大壁画プロジェクト

基本設計の段階から、100人会議のメンバーその他の市民、子供たち、病院スタッフ、…みんなに参加してもらって「コミュニケーション日本一の病院」のシンボルになる何かをつくりたいという思いがありました。エントランスの吹き抜けの広い空間。ここに市民参加で壁画がつくれないだろうか?

建設準備で奔走している柴垣君は、わたしの提案に「この忙しい時にちょっと違うんじゃないか」と思ったそうですが、どう考えてもやった方がよい。

日建設計も難色を示します。彼らはエントランスの壁面には明るい煉瓦色のタイルを貼る計画でした。素人の手が入り変なことになったら台無しです。どうしてもやめさせたい。わたしが譲りそうにないので、仕方なく「アートディレクションの会社を入れてやるならやってもいい」と言って、その会社を指定してきました。その会社には「うまく言って諦めさせてくれ」と言っていたのではないかと思います。

柴垣君と東京に行ってその会社の社長とアシスタントに会いました。予想通り、壁画には反対です。

「病院は完成したら50年は使いますよね。毎日何百人という人が訪れるはずです。地域にとって大事な公共空間です。そんなところに素人が余計なことをしない方がいいんじゃないですか」

「病院は美術作品じゃありません。市民が愛着を持つことが大事なんです。美しくなければいけませんが、市民が関わったという事実とそのプロセスが重要です」

わたしは、自分が色鉛筆で描いた壁画のイメージ図を見せました。社長は何もコメントしませんでした。（後になって、その社長は「もし公募で良い原画が集まらなかったら、山田さんのデザインで行きましょうか」と言っていました）

地元には「ＩＮＡＸライブミュージアム」という世界のタイルを集めた立派な博物館が

あります。来館者がモザイクタイルで作品をつくる工房もあり、参考になるようなモザイク壁画の作品も飾られています。一人ひとりが小さなタイルのシートをつくって、それを合わせて大きな壁画ができないだろうか？

しかし、ミュージアムの館長も、最初は壁画への協力を嫌がりました。「工房にある作品とは面積が桁違いだし、そもそも素人さんが作ったパーツを公共の場の装飾に使って大丈夫ですかね。剥落したらマズい場所でしょ。どこでどうやってパーツを作って、どうやって管理しておいて、誰が壁に貼るんですかね」

でも、わたしの強引さに負けて、壁画プロジェクトは動き始めました。

縦3・9メートル、横16・8メートルの画面。テーマは「コミュニケーション日本一」。デザインは愛知県立常滑高校の生徒から募集しました。普通科とセラミックアーツ科、クリエイティブデザイン科を持ち、ものづくりの道に進む生徒も多い。

60作品のうち、クリエイティブデザイン科3年（当時）の鬼頭明日美さんの作品「集まる人々、続く絆」がコンペティション審査会で最優秀賞に決まりました。花びらや風が大きな渦を巻き、大きな花を形づくりながら、画面の向かって左にある「中心」に集まろうとしている。のびやかで躍動感のあるデザイン。暖色を使い、柔らかく落ち着いた味わいがあります。

大きな壁画をパーツに分けた割付図をつくります。1人が、15センチ四方のシートに、1センチ角のジュエリーモザイクタイルを縦12個、横12個並べます。そのシートを２９１２枚組み合わせて壁画をつくります。使われるタイルは約42万個。大プロジェクトです。

１００人会議のメンバー、病院ボランティア、看護師、医師、高校生、中学生、父兄、議員、そして片岡市長も自分のシートを作りました。

施工はＩＮＡＸ建築技術専門学校の４人の先生が受け持ちました。シートが貼られるにしたがって、壁画には迫力が出てきます。

ミュージアムの館長も次第にのめり込んでいき、ついには「竣工式で壁画の除幕式をやろう」と言い出しました。施工用に組んであった足場を使って、白いビニール布を高い天井に両面テープで貼りつけ、壁画を覆いました。

館長は式の当日のことを考えてワクワクしていました。しかし、足場の撤去作業中に外から強風が入り、夜中にビニール布は無常にも落ちてしまいました。

除幕式は、残念ながら幻に終わったのでした。

新病院には、壁画のほかに、建設にかかわった人たちの小さな痕跡も残しました。

1階の外来エリアの目立たない柱の陰に、「常滑市・病院関係者」「設計関係者」「施工関係者」の署名と寄せ書きを陶板に焼き付けた3枚の「棟札」が張り付けてあります。棟札というのは本来「建築物の棟上げまたは改築の時、工事の由緒・年月・建築者・工匠などをしるして棟木に打ちつける札」（日本国語大辞典）です。わたしは、大分県臼杵市で、築170年の古民家に住んでいたのですが、修復中に屋根裏から天保年間の棟札を見つけたことがありました。病院の陶板は現代版の棟札です。

風が吹いている

100人会議のコーディネーターをやっていただいた山本秀明さんには、2014年に病院の事務局長になってもらっていました。その時点から、わたしは、事務の仕事は基本的に山本さんに任せて、極力口を出さないことにしました。山本さんは、竣工式の招待者リスト作成などを始めていました。

2015年が明けて、建物が形を見せ始め、スタッフの中で「本当に新病院ができるんだ！」という気分が一気に高まり始めました。日取りは4月4日の土曜日と決まりましたが、肝心のシナリオが出てこない。

担当者は「いっぱいいっぱい」です。やむなく、わたしは手伝うことにしました。

民間に比べ、行政は「行事」の企画・運営の仕事が多い。特にわたしはそんな仕事が多かった。シナリオ、あいさつ文、感謝状などはすべて書きました。竣工式は「ショー」です。役者も大事だが、何といっても脚本と演出です。行政がやるほとんどの式典にはそういう考え方がない。ショーは人を「感動」させなければならない。そのためには「意味」（＝伝えたいこと）と「驚き」と「楽しさ」がなければならない。わたしの美学です。

でも、シナリオを描いてみて、何かが足りない。

「やはり、歌だな」というのが結論でした。まずはオープニング。合唱隊を2階の踊り場の奥に隠しておく。そして、いきなり歌声で竣工式の幕が開く。そしてフィナーレ。階段に合唱隊が整列し、大合唱がホールに響き渡る。イメージは完璧です。

オープニングの曲はすぐに思いつきました。「ハッピーバースデー、ニューホスピタル」でいいじゃないか。ナイスアイデアだ。フィナーレにもう一曲、何か、新病院の出発にふさわしい曲がないか。

家で話していると、妻が、「これがいいんじゃない？」と言って提案してくれたのが、いきものがかりの「風が吹いている」でした。ロンドンオリンピックの時にＮＨＫでよく流れていました。無料動画サイトのユーチューブで聴いてみると、うんいい曲だ。ネットで歌詞をじっくり読んでみました。「何だ、これって常滑市民病院のことを歌っているじゃないか！」そう思えるほど、ピッタリの歌詞でした。

聴いていると、これまでの出来事が次々に思い出され、涙さえ出てくる。だけど難しい曲です。通勤の行き帰りの車中で1週間練習し、ようやく何とか歌えるようになりました。

「よし、提案してみよう」


看護部室に久米看護部長を訪ねました。

「久米さん、お願いがあります。竣工式で歌を歌いたいんだけど、看護部に協力をお願いできませんか?」

久米さんは何も訊かずに即答してくれました。

「分かりました。副市長の頼みなら協力しましょう。何人集めればいいですか?」

「50人お願いします。それと、難しい曲なので、ソロと合唱を組み合わせたいと思います。歌の上手な看護師さんが3~4人必要です」

「50人なら何とかなります。歌のうまい看護師もあてがあります。でも、看護だけでなく、病院スタッフ全員に声をかけてくださいね」

次は、合唱用の編曲と合唱指導をしてくれる人。

山本事務局長の奥さんは声楽をやる。本人はフルートを吹き、病院のクリスマスコンサートの時、2人で演奏してくれました。実は、これより前に山本さんには、竣工式での

「呼び掛け」という演出を提案したことがあります。シナリオに従って、病院のスタッフが一人ずつ、新病院にかける思いを伝える。卒業式でよく見るやつです。でもその時は、「その時期は引っ越しやら何やらで、スタッフは皆忙しい。そんな負担はかけられない」と一蹴されました。合唱となると準備はもっと大変。でも、頼むしかない。

翌日、山本さんから「妻がやってもいいと言っています」との快諾を得ました。

現場力

合唱団には80人ほどの応募がありました。医療事務の委託業者の職員も加わっていました。竣工式まで4回しか練習ができません。

3月22日、旧病院最後の「病院祭」の打ち上げの時、院長以下みんなの前で予行演習をすることになりました。「山田さん指揮をやってみます?」という話が出ました。恥ずかしながら、わたしは楽譜が読めません。でも、指揮者には昔から憧れがありました。生演奏で指揮はやったことがない。ここで失敗して合唱がおかしなことになったら、本番での披露は「却下」されるかもしれません。責任は重大です。それから2日間、仕事をしながらずっと練習をしていました。それを女性職員に見つかってしまいました。

「副市長、何やってるんですか?」

「指揮の練習」

「へえー。副市長でも緊張するんですね」

「今回ばかりは、頭の中に成功のイメージが沸かないんだ」

予行演習で、わたしは何度か振り間違えました。それでも、合唱の勢いは、指揮者の間違いをものともしませんでした。

「ラララ～！」とフィナーレの和音が揃って歌が終わりました。院長は大喜び、久米さんは大泣きでした。わたしは「やっぱり、この人たちは、現場の人たちだけあって、本番に強いな」と思いました。終了直後、何人もの人たちがやってきて、賛辞をもらいました。「副市長は何でもできるんですね！」（内緒だけど、ものすごく練習したんです…）。「本番でも絶対指揮やってください！」。みんなにおだてられて、本番で指揮をやりたいという思いもムクムクと出てきました。

ガッツポーズ

２０１５年４月４日土曜日、雨の予報を覆し、奇跡的な晴天となりました。知事、大学教授、県下の公立病院の院長など来賓約２００人が集まりました。竣工式は、予定通り、2階後方から降り注ぐ「ハッピーバースデー、ニューホスピタル」の歌声で始まりました。

わたしは、指揮を山本さんの奥さんに譲り、「照明係」「音響係」「タイムキーパー」「壁画紹介役」を引き受けました。会場の照明を暗くしておき、歌声が終わるとタイル壁画をウォールウォッシャーライトで照らし出し、最後に会場全体を明るくするという演出をしました。幻に終わった除幕式の代わりです。

式辞や市長挨拶の後、ついにその時はやってきました。サプライズ企画としてプログラムには掲載していませんでした（うまくいきそうになかったら、いつでもやめられるようにとの考えもありました）。

2階から指揮者を先頭に80名の合唱団が階段を降りてきます。アナウンスが終わり、ピアノが出だしの音を確認し、少しの静寂があって、ソロが始まりました。

「時代はいま　変わっていく　僕たちには願いがある。この涙も　その笑顔も　すべてをつないでいく　Wow　Wow…」

そして合唱。

「風が吹いている　僕はここで生きていく　晴れわたる空に　誰かが叫んだ　ここに明日はある　ここに希望はある…」

わたしは、合唱団のメンバーに、「『ここ』って言うのは『新病院』なんだよ」と説明していました。わたし自身、実際、内装工事が終わり、壁画が完成したエントランスホールの中央に立った時、「ここに常滑市民病院の明日があるな」と感じたからです。「ハッピーバースデー」を歌ってから1時間以上が経っていたためか、出だしの歌声には力がありませんでした。

「もっと声を出せ！」

わたしは、こぶしを握り締め、心の中で叫んでいました。1番が終わり転調するころから徐々に声が出始めました。最も心配していた男性パートの独唱が無事終わり、「ラララ～」のフィナーレは、病院祭の打ち上げの時にも増して大きな盛り上がりを見せました。

曲が終わると、会場は大拍手。指揮者が挨拶をすると「ブラボー！」の声までかかりました。久米さんは、またしても途中から大泣きでした。会場の病院スタッフも途中から皆泣き出し、階段からそれを見下ろしながら歌っていた合唱団のメンバーも感極まっていたようでした。

招待客も、ハンカチで目頭を押さえている。合唱プロジェクトは予想以上の感動の嵐を巻き起こしました。

合唱が終わった瞬間に思わず出てしまったわたしのガッツポーズは、記録用のビデオにしっかり撮られていました。

式の終了後、二村先生から「今日の演出はすごかったな」と初めてお褒めの言葉をいただきました。

テーマパークのような病院

100人会議、設計ワークショップ、病院スタッフのさまざまな提案を採り入れ、「日本一思いのこもった、斬新な病院」が出来上がりました。

新病院は病院らしくありません。入るとパンの香ばしいにおいがします。明るいロビーにあるカフェではパンを焼いており、焼きたてが提供されています。医師の一人が趣味で飼っている熱帯魚の水槽があります。掃除もその医師が丹念にやってくれます。竣工後に大きなイソギンチャクが宅配便で沖縄から送られてきて、みんなびっくりでした。

3つの外来ブロック受付は、エントランスホールから斜めに伸びる広い廊下に、奥に行くほど張り出すように並んでいて、入口から診療科が一目で分かります。雁行型の外来待合は窓が2面あって、とても明るい。小児科待合には常滑の街がグラフィックで描かれ、子供たちは、マグネットで着脱可能な、常滑市のゆるキャラ「トコタン」で遊ぶことができます。

最上階のリハビリテーションルーム。中部国際空港や伊勢湾を望む眺望は見事です。設計前に、消防署に頼んで、はしご車で屋上の高さまで上げてもらい、眺めを確認しました。

署長からは「本当はこんなことやったらいけないんですよ」と言われました。

病棟の4床室は横長のユニークな形。すべてのベッドに窓があります。モデルルームをつくり、病院スタッフや100人会議のメンバーに見せて意見を聴きました。ここまではどこでもやると思いますが、その意見をもとに改訂版のモデルルームをつくり再点検しました。寄せられた2000以上の意見を建設室のスタッフが集約し、鹿島建設が最大限採り入れてくれました。個室のトイレやシャワーには段差がなく、車椅子でも入れます。付き添い者用の長椅子は伸ばすとベッドになり、横幅も十分でゆったり眠れます。

一階の「とこなめホール」は、病院の朝礼や研修会などに使いますが、近隣住民に開放して町内会の会合もやれるようにしました。

病院内のサインは誰にも分かるように、大きな文字で書きました。見にくい小さな文字になりがちなのは、正式名にこだわるからです。「リハビリテーションセンター」でなくて「リハビリ」でいい。「臨床検査センター」でなくて「検査」。字はかなり大きくできます。役人はえてして「正式名でないと後で文句を言う人がいるかもしれない」という保身に走りますが、それではお年寄りには見えない形式的なサインになってしまいます。

完成後、搬入された家具と医療機器のチェックに来た大手ディーラーの人が「この病院はテーマパークみたいですね」と感心していました。

完成した新・常滑市民病院

１００人会議の精神は「病院ボランティア」に引き継がれています。１５０人を超える登録者がいて、緑のエプロンをして外来患者の案内係、庭の掃除、包帯捲きの手伝い、本の読み聞かせなどを担っています。

エントランスホールの太い丸柱には『コミュニケーション日本一の病院』と書いてあります。日建設計の担当者の「どうせなら、バーンと見えるように一番大きな字でいきましょう」の一言で決まりました。

対外的に大きく宣言してしまえば、もう後に引けない。それがわたしの狙いでした。

サプライズ・プレゼント

竣工式の翌日、わたしは副市長を退任したい旨を市長に伝えました。

2008年度に38億2400万円だった収入は、2013年度には44億7900万円、2014年度には47億7000万円にまでなりました。2008年度に8億4700万円あった年間経常赤字は2013年度には1億2300万円にまで減りました。医業損益率は、同年度に400床以下の愛知県の公立病院でトップに立ちました。ピーク時に約15億円の資金不足がありましたが、2013年度には約6億円、2014年度には約14億円の貯金ができました。これを期に市の一般会計に2億円を返還し、その分で、一般職員の給与カットを緩和しました。

わたしが常滑に来た時「常滑市、キャリア官僚を厚遇スカウト」という記事を書き、「あなたのことはみんな見てますよ」と言った記者は、もう、他県の支局に転勤になっていましたが、送られてきた年賀状の端には「あの時『厚遇スカウト』と誤報した記者です」と書かれていました。

指揮者は音が出せません。わたしは医療行為ができません。この成果は病院スタッフ一人ひとりのもの。もうわたしがいなくなっても大丈夫でしょう。映画「七人の侍」は、野武士の襲撃に悩まされる農民たちが、侍を雇って村を守ってもらうストーリーですが、侍のリーダー役の志村喬は「勝ったのはわし達ではない。あの百姓達だ」と言い去っていきます。よそから来た仕事人はそういう風に出ていかなければならないと思っていました。

山本事務局長から「辞める前に職員のみんなに『掃除に学ぶ』の話をしてください」と頼まれました。

当日、わたしが講演を終えると、130人ぐらいの人たちが立ち上がって歌を歌い始めたのです。あの「風が吹いている」です。

「せっかく歌ってくれるのにちょっと揃わないなあ」と思いました。

看護副部長が出てきました。ものすごく不機嫌です。

「ちょっとちょっと、あんたたち、何やっているの、そんな歌い方で！　ソロはどこ。前に出なさい。みんな何でちゃんと歌えないの！」

無茶苦茶怒っているようでした。「何だか変な雰囲気になっちゃったな。最後なのに…」。

わたしが思った瞬間、会場の誰かが言いました。

「指揮者がいないからでーす！」

わたしの前に譜面台が出て来ます。伴奏の音が聞こえます。つい立ての裏で山本事務局長の奥さんがエレクトーンを弾いてくれていました。

「えっ、聞いてないぞ！」

「大丈夫、大丈夫。できます、できます」

そう促され、わたしは指揮を始めました。

みんなに一本とられたわけです。思い返せば、講演日の1週間前に東京出張があったのですが、なぜか周囲がやたらと「山田さん、この日は出張ですよね」と探ってきたのです。その日にみんなで集まって練習していたようです。講演会の設定も含めて、すべてわたしに指揮をさせるためのお芝居でした。計画は入念でした。山本さんの奥さんは午前中にわたしと病院内でバッタリ会っても怪しまれないように、健診の予約を入れていたそうです。

竣工式の時「指揮をしたかった」というわたしの思いは、すっかりみんなに読まれていたようです。それをサプライズで実現させてくれたのでした。

退任のあいさつ

わたしは秘書課長から、市役所での退任式で、幹部職員にあいさつをするよう頼まれました。こういう場では「お世話になりました。楽しく仕事ができたのはみなさんのおかげです」というのが普通です。でもあえて苦言を呈しました。最初は「何とひどい市役所だろう」と思い、出勤するのが辛かった。明日は辞めようと、毎日思っていました。でも、5年4カ月の間に、いつの間にか愛着がわいてきてしまったのでした。

退任に当たり、幹部の皆さんに、厳しいことを3点申し上げたい。

一．財政悪化の原因究明と再発防止

1点目は、「なぜこのような厳しい財政状況が続くことになってしまったのか、その原因を、今一度よく考えてほしい」ということ。わたしは、今なお続く深刻な財政状況は、関係者が10～15年かけて悪く、悪くしてしまった「人災」だと思っている。良きリーダーの不在。権力者におもねる幹部。不都合を隠そうとする体質。議会のチェック機能の不全と個別利害への固執。無責任体質。5年前に敢行した「事業仕分け」により、一時的に意識改革がなされたかに見えたが、最近はまた元に戻りつつあるように感じる。フランスの哲学者パスカルは、次のように述べている。「われわれは絶望が見えないようにするために、何か目の前を遮るものを前方においた後、安心して絶望の方へ走っている」。常滑市を再び絶望の方へ導いてはならない。

二．金はなくても工夫はできる

2点目は、「金がないことを言い訳にして、工夫を怠ってはいないか」ということ。厳しい財政状況下での新規事業の実施はなかなか困難だが、継続事業を工夫して、市民の満足度を上げることはできるはずである。しかし、公務員特有の「失敗してはならない」という気持ちが、「前例踏襲」と「マンネリ化」を生み出し、市民の信頼を失う結果となってはいないか。ダーウィンは「進化論」の中で「強いものが生き残るのではない。賢いものが生き残るのでもない。変化するものだけが生き残るのである」と述べている。変化・改善の努力を怠ってはならない。

三．人を作る市役所に

最後に、最も心配なのは、ハツラツとした新採職員が、就職後3年も経つと、皆覇気を失ってしまうように見えることである。彼らは、周りの諸先輩の仕事ぶりを見て、「あの程度でよいのか」と考えるようになり、初心を忘れていくのではないか。仕事の質は、それを行う人の技術・考え方・やる気で決まる。松下幸之助は職員に次のように述べたという。「松下電器は何を作っているところかと尋ねられたら、人を作っているところだと答え、しかる後に電器製品も作っておりますと答えていただきたい」。職員は市役所の最大の財産である。どうか、「人を作る常滑市役所」になってもらいたい。

平成27年7月31日　副市長　山田朝夫

第2章

霞が関の憂鬱

旧自治省が入っていた人事院ビル（３階中央から左が選挙部）

法律を書くということ

時は1988年にさかのぼります。

わたしは、この年に出向先の鹿児島県から東京に戻りました。まだ20代。その後91年に大分県に出るまで、衆議院法制局や自治省で仕事をするわけですが、仕事の大部分は「法律を書く」ことでした。

大学1年生の時、駒場の教室で大森彌《わたる》先生の「政治学」の授業を受けました。自治体行政学や地方自治論の権威です。中身は全然理解できませんでした。ただ、来週は試験という最後の講義の時「最近の学生の答案には『私』がないんだよね」と言われたのだけをずっと覚えていました。どういう意味かは分からなかったのですが…。

法律を書くようになって、大森先生のおっしゃったことが少し分かったような気がしました。

試験に出るような法律の問題というのは、大概は解釈や考え方が割れているものです。わたしは、ずっと「A説によればこう、B説によればこう、C説によればこういう結論になります」という答案を書いていました。しかし、勉強した割にはいい点がつかない。

実際に法律を書くようになったら、当然ながらA案、B案、C案という風には用意できません。立案者は一つの回答を持っていないといけない。「法律をつくった趣旨はこれで、守るべき法益はこれ。こういうケースはこういうふうに解釈して、こういう結論なんです」というのを持っていないといけないということに初めて気がついたんです。

法律というのは六法全書の中にあるものではなく、人がつくっている。しかも自分が書こうとしている。法をつくるというのは立案者の考え方を文章にする作業だということに気がつきました。大森先生が言っていたのは「『おまえはどう考えるのか』というのを訊いているのに、『ここにはこう書いてあります』というのをいくらたくさん並べたって、いい答案じゃないですよ」ということだったのではなかったかと思いあたりました。

その後、大分県久住町時代に、大分市での講演のついでに大森先生が久住にみえました。手作り豆腐のおいしい店で昼飯を食べながら、駒場で先生から聞いた一言のことを話題にし、自分の解釈をぶつけてみました。「先生、そういうことでよろしいのでしょうか?」と尋ねると、先生は「僕、そんなことを言ったかな」と。まあ、世の中そんなもんです。

9年かけて書いた答案

「法制局」には、最近「憲法九条解釈問題」で話題になった「内閣法制局」と衆参両院にある「議院法制局」があります。前者は内閣提出法案を担当し、後者は議員立法を担当しています。当時の成立法案数は、内閣提出法案9に対して議員発議法案1くらいの割合でした。

わたしは衆議院法制局で「静穏保持法」という法律を一から書き下ろす作業に携わらせてもらいました。これはすごく面白い仕事でした。

「国会と大使館の周りで拡声器を使って騒音を出してはいけない」という法律です。国会の裏に議員会館がありますね。議事堂と会館の間の道に右翼の人たちが街宣車をとめて、個人攻撃的にワアワアやっていたのが発端です。

国会議員が地元の支持者たちに国会を見学させて、議事堂内の食堂でお食事して…というツアーがあります。そういう時に、自分の悪口を言っている人たちと出くわす。「どうにかしてくれ」という話でした。警察も何とか取り締まりたいと思っていたけど、法律がない。役所では作りにくいので、議員立法でやってくれという話になりました。途中から外務省が「実は大使館の周りでも困っている。うちも入れてくれ」と言ってきました。

わたしは衆議院法制局長に「ぼくは、外務省の方には賛成です。国と国とのおつき合いだし、あんまり無礼なことがあっちゃ国益に反すると思います。だけど、国会は言論の府ですから、みんなが何を言ったっていいような場所じゃないですか」と言いました。そうしたら、局長は笑いながら「君も若いね」とおっしゃいました。

そこで「これは言論の中身を規制しようという法律じゃなくて、話し方の問題だ。何かに書くとか肉声でしゃべるのは構わないし、ラジオに出て話をしてもいい。だけど、拡声器を使ってワアワアやるのは迷惑だという理屈にしよう」と考えました。法案には、「何人も、国会議事堂等周辺地域及び外国公館等周辺地域において、当該地域の静穏を害するような方法で拡声機を使用してはならない（第五条）」と書かれました。

立案の過程で、当初は「拡声器を使用して著しい騒音を発してはならない」と書かれていました。そこで、「『著しい騒音』とは何だ」ということが論議になりました。ある音が「騒音」かどうかというのは、実はすごく主観的なことです。自分の好きな音だったら大きくたって騒音じゃないし、隣の人と喧嘩していたら、掃除機の音でも騒音に聞こえる。「騒音」は客観的な言葉じゃない。「こんな条文で人を逮捕して、ブタ箱へ入れていいか」という話になりました。少しでも客観的な表現をということで、「静穏を害するような方法で…」となりました。

それでも、焼き芋屋さんが来て、「石焼き芋〜」と言ったら90デシベル。一瞬でも90デシベルになったら捕まえちゃうというのは酷です。

わたしは「あなたは今静穏を害していますよ」と言って警告を発して、それでもやめないのだったら捕まえるということにしてはどうかと提案し、これが採用されました。

法制定後、国会周辺に行くと、ちゃんと法の通りに運用されていました。街宣車が来る。警察の車がピュッと近づいて、音を計測する。90デシベルあると「あなたは今静穏を害しています」いうプラカードを出す。警告です。車は音を下げながら逃げていきました。

関わった法律に大森先生の言う「私」というか、自分なりの考え方を入れることができました。9年かかりましたが、ようやく良い答案が書けたなと思いました。

「虎の穴」

小選挙区比例代表制。今の衆院選のやり方ですが、この巨大な法改正の時期、わたしは自治省選挙課という、その中枢にいました。わずか1年4カ月の短い期間でしたが、「一生分」の仕事をしました。

自治省では、「選挙法大改正の時には死人が出る」と言われていましたが、決して大げさではありません。1週間に睡眠時間が合計で4時間。わたしは何とか生き残りましたが、大きく体調を崩した人もいました。

衆議院法制局では主に政治資金規正法の改正案を書いていました。自治省選挙課の先輩に宴会で会った時「山田君は選挙法に興味ある?」と訊かれました。実は省内の同期はみんな選挙課の地獄絵を知っていたので、誰もやりたがらなかった。それを知らずに、うっかり「選挙法も面白いかもしれませんね」と言ってしまった。「知らぬが仏」です。配属されたのは、昔テレビで観たアニメ「タイガーマスク」に出てくる過酷な訓練でレスラーを鍛える「虎の穴」のようなところでした。毎晩12時を過ぎても全然帰れないんです。

海部俊樹内閣だった1991年4月26日に、選挙制度審議会の小選挙区比例代表制導入の答申が出ました。今の衆議院の選挙制度です。その直前の4月1日に選挙課に配属されました。

選挙制度改革では、審議会はそれまで7回もつくられましたが、政府は一度も答申を実行したことがありません。今回もどうなるかは分かりませんが、課内では「夏過ぎぐらいから法案をつくっておこう。もし提出となったら困るからな」という話になっていました。

小選挙区比例代表制の法改正以外にも仕事はたくさんありました。衆議院法制局にいた時に公職選挙法の「寄附の禁止」にも少し携わりました。政治家が自分の選挙区内で、ご祝儀を出すことなどが原則できなくなりました。その運用が4月から始まり「こういう寄附はいいんですか、悪いんですか?」という問い合わせが全国から殺到していました。書くのは簡単だけど、実際の法律の運用ってこんなに大変なんだと思いました。

選挙制度審議会の「お守《も》り」の仕事もありました。

主に、次の会合の議論のテーマについての資料の準備です。課長補佐と課長が主要な委員に事前レクをし、当日の資料説明を担当します。会議録を筆記して、まとめをつくるのは若手の役目。そして、また次の準備をして…という仕事です。とにかく大変でした。

「外国の比例代表はどうなっているんだ」と言われても、今みたいに文献なんかほとんどない。大使館に聞きに行ってもまともに取り合ってくれない。大学の図書館へ行ったり、日比谷公園の中の図書館へ行ったりして調べても分からない。ある程度のことは書いてありますが、選挙部長や選挙課長に「ここはどうなっている?」と問い詰められると、もう分からない。外国語の文献もありますが、ちゃんと読めない。「君、第二外国語はドイツ語だろう」と言われるのですが、そんなの読めません。情けない限りでした。

夜明けの缶ビール

それから、国会が始まると、政治改革関係の質問が1日に50問とか出ます。当時は暗黙のルールで、国会議員は2日前に質問を提出しなきゃいけないことになっていました。だけど、実際には前日の夕方5時とかに出てきます。それから50問への答弁をつくります。

課長補佐が答弁の原案を書きますが、質問があんまり多いと、見習いが下請けで書くこともあります。部下が書いたのを、課長補佐が見て、課長が見て、部長が見ます。当時、課長と部長、2人とも頭のいい人だったのですが、頭の構造がちょっと違うのか答弁に対する切り口が全然違う。課長のところでグワッと直ったものを部長に持っていくと、また部長のところでグワッと赤鉛筆の直しが入ります。これがたまらなかった。

部長が最後に見終わるのが午後11時過ぎ。部長は12時前には帰っていましたが、こちらはそれから清書しなきゃいけない。でも、部長の直しが何と書いてあるか分からない。

答弁作成のある日は仕事は大体午前4時とか5時まで、あるいは徹夜です。こういう場合は、早く寝る人からソファを占領し、遅くまで仕事をしていた人は毛布だけ持って、選挙部長室のじゅうたん（この部屋だけに敷いてありました）の床に寝っ転がっていました。朝、秘書の女性が出勤して、わたしにつまずいて叫び声を上げたりしていました。どこにも横になる場所がない時は、自分の席に座ったまま、椅子の背もたれに寄りかかり、足を伸ばしてまどろみます。

答弁作成がない日でも、仕事が終わるのは午前1時とか2時です。家には帰りますが、課のタクシーチケットは潤沢じゃない。同じ方面の人は乗り合わせて帰ります。あっちへ行ったりこっちへ行ったりして、わたしは一番下だから、降りるのは最後です。車に乗ってから家に着くまで1時間から1時間半ぐらいかかり、午前3時半とかに帰り着く。ずっと作業していたので、頭の中がぐるぐる回っています。風呂に入っていると夜が明け、ガサッという音がして朝刊が来る。明るくなってくる中、新聞を見ながら缶ビールを1本飲んで、それで寝ます。午前5時に寝て、8時に起きて、また役所に行く。妻が勤めていた頃には、わたしが起きる時刻には相手は出かけている。帰ってきたら寝ちゃっているので、新婚なのに全然会えません。妻には「これでは結婚した意味がない」と言われました。しかたなく、交換日記をしました。中学1年生の時以来のことでした。

こんな激務になるのは自治省が当時は手薄だったという事情もあるかもしれません。戦後、内務省を解体し、自治庁として復活した時に定員をたくさんもらえなかったのではないかと自分では想像していました。

官僚の仕事

法律を書く作業は、自治省の場合、「見習い」といって、県に出て戻ってきて、次にまた県に出るまでの間の25〜30歳の若手と、2回目に県から帰ってきた35歳前後の課長補佐のコンビで書いていきました。一つの法案につき、省全体で、原則たった2人です。それもごく若い2人。

小選挙区比例代表制の法案作成が徐々に始まったのは1990年の夏ぐらいからだったと思います。当時の事務次官が、見習いの頃、「死者も出る」といわれる選挙法改正の経験者でした。それで、異例のことですが、「補佐・見習いコンビ」を増員して三つの作業班をつくり、計6人でやることになりました。

一つの班は区割り。選挙区の線引きをやります。もう一つの班は制度部分。そして、三つ目の班が選挙運動。わたしが主に担当したのはこの部分でした。

区割りは大変です。投票結果を分析すれば、現役の議員たちが当時の中選挙区を小選挙区で割りなおした時に、それぞれの小選挙区で何票とれているかが分かります。いくつもの区割り案を作り、各議員の当落のシミュレーションをいっぱいやっていました。よく分からないけど、選挙部長はその結果を持って自民党に行っていたのかもしれません。

法案提出が現実味を帯びてくると、国会議員が夜、突然選挙課の部屋へ入って来ました。

「区割り案を見せろ」

「そんなものはありません」

「いや、ないはずがない」

「作業はホテルをとって、そこでやっています」

そんなやり取りになりました。実際はホテルをとる予算などありません。選挙課があった部屋から対角線に見下ろした警察庁の地下の隅っこの部屋でやっていました。昔、特高警察がここで拷問したというふうに言い伝えられている部屋です。幽霊が出るという評判だったので、机の上に毛布を敷いて一晩泊まってみましたが、出逢うことはできませんでした。実際、議員さんは何人か来ました。

区割りの方は本当に利害です。選挙制度の方は割と理論的でした。選挙運動は、例えばビラの枚数の制限など、なぜこうなっているのかわからないものも多くありました。法律制定時や改正時の歴史を調べてみないとわかりません。でも、当時と今とでは状況が違う。理屈に合わないこともいっぱい出てきます。利害が関係する部分もあります。わたしは割といいかげんなのですが、きちんと考える人たちは悩んでいました。「ここの制度とここの制度は考え方が矛盾している」そういうのが我慢できない人もいます。

部長や課長は自民党の先生に呼ばれます。選挙制度小委員会などへ行きます。「ここはこうしてほしい」という意見をもらってきて、それが課長補佐に伝わって、それがわたしに、誰が言ったか分からず、理由も分からず伝わるという構図だったかもしれません。「そんなのは何かちょっと整合しないいんじゃないですか」と言うと、「いいから整合するように作れ」みたいな感じです。いろんな人の考えがある中で、そこそこの理屈が通るような格好で法案をつくっていくというのが官僚の仕事の一つです。

当時、選挙制度改革には自民党のサイドで反発がかなり強かったので、いろいろあるだろうなとは思っていました。選挙部で制度改正作業を始めるに当たって、部長が自民党の有力者に、「本当にやるんですか、始めたら大ごとですよ」と言ったのに対し「いや、やるんだ」固い決意を持って言われたので、自治省も重い腰を上げた—と聞きました。

選挙部長のかばん持ちで国会へ行くと、見習いのわたしは待合室で待たされて、部長だけが答弁の合間に国会の幹事長室へ入って行き、なかなか出てこないことがありました。小沢一郎幹事長と話をされていたのでしょうか…。

若造の私には知らされないことが多く、いろいろあるんだろうなとは思っていましたが、自分が毎晩遅くまでやって、身を削ってやっているものが何か成果になってほしいとも思っていました。

重い荷物を背負った時は…

当時の選挙課長は優秀でまじめな人でした。前にも書いたように、部長もすごく優秀ですが、2人はちょっとフィーリングが違う。どちらも立派ですが、違います。答弁書を課長が書いても、部長のところで大幅に修正が入ったりする。わたしは当時20代でしたが、課長は50歳前後。毎日未明に帰宅するような激務は、本当にきつかったと思います。

課長は世田谷の方に住んでいて、タクシーで一緒に帰ることが多かった。ある時、

「課長も大変ですね」

と言ったら、ポツリと

「僕はね、もうへとへとへとだよ」

とおっしゃいました。わたしは「適当に答弁はスルーして、部長のところで直してもらえばいいじゃないですか。手が入るたびに、こっちは打ち直さないといけないし」と思ったけど、そうは言えませんでした。

当時、与えられた仕事を何のためにやっているのか、本当に誰かの役に立っているのか、考える余裕もありませんでした。そんな事を考えていたら仕事が終わらないし、もし仕事の意味に疑問でも抱こうものなら、モチベーションが維持できないのは明らかでした。

「区割り」を担当していた係長と話しました。

「いつ終わるでしょうね」

「そういうことを考えたらめげちゃうので、下を向いて、とにかく目の前のことをやるんだ」

「…」

「重い荷物を持った時は下を向いて歩け、だよ」

「下を向いて歩け」はそれからみんなの合い言葉になりました。

係長の言葉はいちがいに批判できません。下を向いて歩かなければならないことはあるんです。後に常滑市民病院の再生をやった時も、先が見えないし、先ばかり見ていたら、とてもやれない。そういう時はしばらく下を向いて歩くしかない。たまに頭を上げると、ちょっと明かりが見えるということもあります。

総理相手に「バナナたたき売り」

詰めは甘かったものの、法案全体ができ上がったのが1991年5月の連休明けぐらいでした。部長と課長は二人とも異動で交替していました。

ある夕方、部長が部屋から出てきて、

「今電話で官邸から呼ばれた。総理が法案を出すと言っているぞ。課長も一緒に来てくれ。総理から法案が何日間でできるかと訊かれている」

と言いました。

課長は自分で法案作成作業をしているわけではありません。

「俺はちょっと法案作業のことは分からないなあ」
と言って課長補佐に役目を振ります。課長補佐は別の課長補佐に「行ってよ」と言います。別の課長補佐はわたしの方を見て
「山田君、部長についていけ」
わたしが後ろを振り向いたらもう誰もいませんでした。しかたなく、部長のお供をすることになりました。

それまでも秘書官に答弁を持ち込むために旧総理官邸に入ったことはありました。でも総理の執務室に入るのは初めてです。重厚な感じの部屋でしたが、結構狭いところでやっているんだなと思いました。

部長とわたしは、入口のドアのあたりに立ったままでした。海部俊樹総理が座っていた机のところから歩いて来ました。

「法案を出すことになったから3日でつくってくれ」

とおっしゃった。部長はわたしの方を向いて
「3日でできるか?」

と尋ねます。わたしは総理に向かって言いました。

総理を相手にバナナの叩き売りみたいなことをした総理官邸（当時）

「総理、申しわけありません。あらかたはできていますが、細かいところをきちっと詰めて整合性をとらないといけません。とても3日ではできません」

「何日かかるか？」

1月はかかると思いましたが、そうも言えないので、思い切って言いました。

「2週間です」

「5日で…」

「5日では無理です」

「じゃ、1週間」

「…分かりました。1週間で何とかやってみます」

総理にそこまで言われたら、「はい」と言わざるを得ませんでした。総理の口調はそんなに厳しくはないけれど、1週間以上は譲りそうもありませんでした。

総理を相手に「バナナの叩き売り」みたいなことをしたわたしは当時29歳でした。「大変なことを約束しちゃったな」と思いました。「できないとクビだ」とも…。部長は部下を信頼しているので何とも言いませんでした。わたしは役所に帰って、言いました。「2週間と言ったんだけど、1週間に値切られて、約束してきちゃいました。みんな悪いけど、手伝ってください。お願いします」

その後が大変でした。わたしは1週間で計4時間しか寝ませんでした。眠ったのは椅子に座ったまま、ちょっとうとうととしただけです。人間、1週間くらいなら寝なくても生きていられるんだなと思いました。

三つの班のうち「選挙運動」にわたしが入っています。法案は、最後に内閣法制局に詰めの審査をしてもらう必要があります。わたしは、その作業に入って始めてみたのですが、途中で、法案を印刷して冊子にする作業を統括する人間がいないこと気づきました。冊子の方がお留守になっては、結局何の意味もない。そこで方針を変えました。

わたしは、印刷屋さんとの交渉を始め、後輩を法制局に行かせました。「そこへずっと詰めていろ。俺の担当分も含めて参事官に法案をもう1回、ざっと頭から見てもらってくれ。直しが入ったら『ここはこう直った』と電話してくれ。1時間ごとにその時点までの審査結果を伝えてくれ。こっちは原稿を直して、どんどん印刷にかける」と言いました。

法案の新旧対照表も作らなければいけません。今だったらパソコンで画面の真ん中に線を引いて、上と下を別々に動かし新しい条文と古い条文を並べて、両方の頭をそろえることができます。でも、当時はその機能がなかった。結局、2台ワープロを並べ、新を受け持つ担当者と旧を受け持つ担当者に分かれて、「新の方の第141条第1項は何ページの何行目にフィックス」と言ったら、旧の方もフィックスしていく。1枚が終わったら、プリントして、片方を半分に切って張り合わせました。それを写植で印刷をする。印刷屋さんに何時間ごとに取りに来てくれと言っておいて、できた分から渡しました。あんなことで、よく間に合ったと思います。

秘書官のねぎらいに涙

「白表紙」と言われる要綱、改正文、新旧対照表の3点セットが、何とか1週間で出来上がりました。でも、法案には自民党内でも反対が多い。党内手続きで政務調査会、総務会に諮ると、当然紛糾します。冊子はできましたが、選挙課のみんなは「法案は出せないだろう」という雰囲気でした。部長と課長が出席している総務会は休憩に入っていました。

わたしは、もし出すと言われた時に困ると思って、主が留守の部長室の机を借りて、和紙のタイプ打ちの表紙をつけた「正本」をつくっていました。これは「こより」綴じをする「習わし」なのだそうです。そこに「総務会で法案が通った」という電話が入りました。「えーー！」。みんな声をあげました。

わたしはその時に慌てて、目打ちで穴をあける場所を間違え、右とじだったのに左側にあけてしまいました。だけど、今から表紙に新しく題字のタイプをしてもらっていたら間に合わない。しかたなく、右側に穴を正しくあけ直して、間違ってあけた穴は丁寧に埋め戻し、裏側からセロテープを3ミリ角ぐらいに小さく切って貼って隠して、それを正本として提出しました。だから、今その正本が残っていれば、裏にテープが張ってあるはずです。（このことは、今まで誰にも秘密にしていました。笑）

冊子は3センチ以上の厚さです。それを関係先に届けます。官邸の階段を上がって正面左が総理執務室。その手前の部屋で3人の秘書官が仕事をしていました。冊子をそのうちの1人に手渡しました。警察出身の方でした。

ほかの届け先では何も言われなかったのですが、この人は

「大変だっただろう」

と声を掛けてくれました。多分、不眠不休で仕上げたのを知っていらしたのでしょう。

「大変でした」

「よく頑張ったな。…こういう苦労は君の将来に必ず役に立つからな」

思わず涙が出ました。


わたしは8月1日付で大分県に異動になりました。法案は8月5日の国会に提出されます。しかし、30日に衆院政治改革特別委員会の小此木彦三郎委員長は廃案を提案し了承を得ます。海部総理は「重大決意」を表明し、解散をほのめかします。しかし、当時の最大派閥、竹下派や宮沢派は解散に反対。海部さんは腰砕けになり、退陣に追い込まれました。結局、選挙制度改革の成立は細川護熙内閣の1994年まで待たなければなりませんでした。

「政治改革」って、いったい何だったのでしょう?

細川内閣で公職選挙法が改正されて、政治は改革されたのでしょうか。

法文製作技術者

ある時、選挙課の1期先輩から、「小選挙区制について、君、どう思う?」と尋ねられました。得票率は51%対49%でも、獲得議席数は100対0になってしまうかもしれない選挙制度です。

「この方が選挙の結果がはっきりする。日本って、外国から分かりにくいって言われているし、こういうのがいいんじゃないですか」

と言ったら、

「いや、僕はそうは思わないんだ。今さら社会主義になれみたいな話はないわけだし、日本の世論にはそんなに差がないじゃないか。経済政策は、所得の再分配をどうするかなどが少し違うくらいだ。他の政策も、基本的な考え方は、政党間で差はほとんどない。大きな対立要因はない。そういう今の日本を考えたら、大きな政治の転換よりも、微妙なさじかげんで調整していく方がいい。むしろ比例代表なり中選挙区の方が合っている。そういうバランスの中でミックスしたような政策が決められていく方がいいんじゃないか」

と話されました。

「じゃ、そういうふうにみんなにおっしゃればいいじゃないですか」

と言うと、

「そんなのは自分の仕事じゃない。君みたいなのは自治省には向かないね。ここは黙って仕事をする人間のところだ。僕は外務省に2年出向してたけど、あそこの役所には君みたいなのがいるよ」

と言われました。

自覚がないのですが、普段、上司に対して「それはちょっと違うんじゃないですか」なんて言っていたのかもしれません。自治省って軍隊みたいな風土なんだなと思いました。もっとみんな効率的に仕事をして早く帰るようにした方がいいと思いました。ほとんどがサービス残業でした。今で言う「ブラック企業」ですね。

それと、何よりも思っていたのは、自分などはあまり選挙の実態を知らないのに法改正の仕事なんかやっていていいのだろうかということです。忙しくて、現場なんか見ている暇はない。政治資金法改正もやりましたが、政治資金パーティーなんて一度券をもらって行ったことがあるだけです。会計がどうなっているのかも知らない。法文製作技術者として、指示されたように法文を書けばいいのかもしれないけれど、本当にそれでいいのかなと思っていました。ずっとここで仕事をしていたら死ぬなと思いました。

一方で、技術者として激務の中で学んだことが多かったのも事実です。

静穏保持法の規制区域は、「永田町何丁目」、「霞が関何丁目」というように限定されています。千代田区役所で調べると「丁目」の境界は道の真ん中だったり端だったりまちまちです。車線によって適用されたり、されなかったりがないように、どのように法の文章に落とすか頭をひねりました。いろいろな人が関わって、さまざまなケースや解釈について検討しながら、誰が読んでも一つの意味に読めるような文章をつくりあげていく…。綿密な仕事を学びました。

激務の中、みんなを動かしていかなきゃいけない時に、どういう言葉をかけられたり、どういうことをしてもらったらやる気が出るかということも勉強しました。

選挙制度審議会の会議の成果のまとめ方は、勉強になりました。委員さんの言ったことを筆記して、意見を分類して整理する。それを次回に委員に渡す。言っていることの辻褄が合わなかったり、少し表現を変えた方が読んだ人に分かりやすい場合はちょっとずつ書き替えたりします。そういうのは、官僚はよくやっています。

常滑市民病院の「100人会議」の意見の取りまとめの仕方は、選挙制度審議会でやられたことに磨きをかけたようなものです。

霞が関の世界というのは東大法学部の延長です。自治省以外の省庁に入っていれば、若くして地方に出ることはありません。そういう仕事人生だったら、わたしは霞が関をスタンダードな世界と考えて、ずっとそこにいたかもしれません。でも、わたしは、入省直後に鹿児島県に出向し、休みに屋久島に入り浸ったりして別な世界を知ってしまいました。

屋久島では池亀洋海さんという元イラストレーターと親しくなりました。横尾忠則さんと仲よしだと言っていました。体を壊して屋久島に帰ってきて、昼間は奥さんがやっている薬屋の一角でレコード屋をやっている。夜になるとカフェバーのマスターになる。屋久杉の一枚板のカウンターの一番奥に向かい合って座り、明け方まで酒を酌み交わしながら、自然の話、音楽の話、美術の話、焼き物の話など、わたしがそれまで全然知らなかった世界の話ばかり聴いていました。

「お店で出しているこの水がうまいのはなぜか。それはずっと落ち葉の中を通ってきているからだよ」

なんて言っていました。

このようなこともあって、霞が関にいても、わたしはそれが自分の運命だとは思いませんでした。よく分からないけれど、もっと別の世界もある…。この頃から、普通の官僚とずれてきていたと思います。

第3章

流しの公務員の誕生

牛がのどかに草を食む久住高原（背景は、くじゅう連山）

牛と草原

「牛5000、人50000」といわれていました。大分県久住《くじゅう》町で思い浮かぶのは牛と草原です。

久住町の標高は約500メートルから約1800メートル。12キロ四方の行政区域に低い方から集落地帯、その上に高原が広がり、その向こうにくじゅう連山がそびえています。人々は主に米作と畜産、高原野菜の生産そして観光で糧を得ています。

久住高原は、くじゅう連山の麓から阿蘇の外輪山まで緩やかに傾斜しながら広がっています。黒牛がのどかに草を食んでいます。畜産農家は、冬は集落で牛を飼い、春先になると高原に牛を放します。識別番号がついた札が牛の耳につけられています。牛たちは賢くて、自分の飼い主を見分けます。軽トラックが「プープー」とクラクションを鳴らすと、その音を聴き分けて牛がぞろぞろと寄って来ます。「帰るぞー!」。牛と軽トラックは夕日の中、トコトコと麓に向かいます。

久住の畜産の主流は「繁殖経営」。肉にサシが入っていて大きくなる系統の種牛の精液を畜産試験場から手に入れて、自分のところの母牛につけて子供を産ませるのが繁殖農家の仕事です。子牛を1歳半ぐらいまで育て、市場で肥育農家に売ります。

牛は雄に生まれたら、種牛になるか、すぐ肉になるしかありません。

種牛になれれば、立派な畜舎と行き届いたサービスのもとで暮らせます。彼らの仕事は精液を製造すること。発情するまでちょっと雌牛と一緒にさせておいて、その後は「擬牝台《ぎひんだい》」という雌に似せた台に乗せられて、試験場の人が精液を取ります。

子牛の成績を見て、よさそうだと種牛として残り、こいつは駄目だといわれると肉になります。この人生（牛生？）もまたかわいそうな気もしますが、おかげで私たち人間は美味しい「黒毛和牛」が食べられるのです。


くじゅうから阿蘇にかけてのネザサとカヤ（ススキ）の大草原は、世界的にも類例のない生態です。風に波打つ草原がどこまでも続く景観は、自然と人と牛の合作です。

草原に生えるネザサは、ササと同じ種類なのですが長年、牛たちに踏んづけられ、食べられて、成長点をどんどん下げていった。牛に地上の葉の部分を食べられてもまた生きていけるようになったササです。

芹洋子の「坊がつる賛歌」に出てくるツツジ科のミヤマキリシマの群落は、牛の嗜好が生んだ景観です。麓から放された牛たちは途中の草を食べながら大船山《たいせんざん》を越えて坊がつるまで下り、そこで一夏を過ごす。牛が嫌いなツツジを食べ残した結果が、天然記念物ミヤマキリシマの群生です。かつては、5月の下旬頃に集落からくじゅう連山を見上げると、大船山の7合目から上はピンク色に染まっていたと聞きます。ところが近年は放牧頭数が減り、かつて牛が「除草」していた山の斜面に草が茂り、高木が生えて枝葉を伸ばしたため、その陰になったミヤマキリシマが枯死してしまっているのは残念です。

日本の気候条件の下では、草原は放っておくと長年かけて森林に移行します。久住高原はくじゅう連山から吹き降ろす風が強く、木が生えにくいのですが、ススキが立ち枯れたまま残ると、これが「防風林」になってその間から木が生えてきます。そこで、ススキを焼いて森林化を防ぎ、草原を保つ。これが野焼きです。

野焼きは一つ間違えば死者が出る危険な作業です。乾燥した草に付いた炎は人の背丈の数倍も高く燃え広がります。火の性質を知り尽くしたベテランだけがコントロールできるのです。草原は人と自然とのバランスによって成り立っているのです。

この美しい田舎、久住とのご縁がきっかけで、わたしは霞が関を捨て、「流しの公務員」になりました。

豪胆知事のすごい指示

わたしは1991年、自治省選挙課から大分県庁に出向し、企画調整課主幹、情報化推進室長を経て、93年に公害規制課長になりました。

知事は平松守彦さん。通産省（現経済産業省）出身で、一村一品運動などユニークな施策を展開し、先進的な手法で地方分権を推し進めた大物知事です。当時67歳で4期目。威圧感があり、若造のわたしにとってはちょっと怖い人でした。

平松知事は、4月になると新任の課長を知事室に呼び込み、目標を与えて叱咤激励します（このやり方はいいなと思ったので、その後見習っています）。わたしが知事室に入ると、いきなりこう言われました。

「君の仕事は公害規制もさることながら、もう一つやることがある。久住町で『地球にやさしいむらづくり』をやってほしい」

指示されていることがよく分かりません。

「知事さん、大変不勉強で申しわけありませんが、『地球にやさしいむら』って何でしょうか？」

「それを考えるのが君の仕事だ」

「…」

「僕も言葉だけはあるんだよ。中身はないんだ」

豪胆な人です。すごい人の使い方もあるものだと思いましたけど、官僚のやる気を引き出すやり方です。

とにかく現場を見ないと話になりません。それから「久住通い」が始まりました。最初の年は、県内外の有識者を集めて基本構想をつくり、2年目はパイロット事業として、畜産糞尿の堆肥・液肥化や環境教育キャンプ、全国野焼きサミットなどをやりました。

久住の人たちとも仲良くなって、泊めてもらうようになりました。市町村の職員や住民と深く接するのは初めてで、新鮮な体験でした。

久住町の本郷幹雄助役は愉快な人で、アイデアマンでした。「俺の辞書に『失敗』という文字はない。まだ成功していないだけだ」というのが口癖で、京大卒でお寺の住職の衛藤龍天町長とはいいコンビ。いつも斬新なアプローチから現実的に問題を処理しました。

県庁というのは一番中途半端な組織です。理屈はこね、いろいろ指導するけど、結局、責任をとるのは現場です。実際の現場ではいろいろな事情があって、理屈通りいかないことが多い。ルールは大まかに決め、あとは現場の裁量でやった方が実際はうまくいくものです。

市町村の人、現場の人たちはすごく現実的で、県庁の人より実務能力がある。まず体は動くし、当たり前なのかもしれないけれど、地域の住民や各種団体の調整がうまい。汗水流して現実に物事を進めていく力は圧倒的に強いと思いました。

ただ、今まで国や県から「こういうふうにやれ」と言われて、その通りやる癖が染みついている。「何をやるべきか考えてください」と言われると弱い。わたしがそこを補強できると、うまくいくのではないかなと思いました。

久住に通っていると、霞が関や県の仕事は非常に抽象的だと感じました。「もっと現場の仕事をしたい」。法律を書いても机の上、頭の中の仕事です。リアルじゃない。

例えば新しい教育制度をつくるのもいいけれど、それより実際に現場で新しい教育をしたいと思ったのです。偏差値中心を改めて生きる力をはぐくむ「ゆとり教育」のことを聞いた時は「悪くないな」と思いました。推進した寺脇研さん（元文部科学省審議官）が言っていることも間違っていなかったと思うのです。あれが失敗だったとすれば、原因はゆとり教育を現場でやれる人がいなかったことです。

「総合的学習の時間」と言われても、当初は、現場の先生たちは何をやっていいか分からなかった。どんなに素晴らしい政策でも、それを実現する人がいなければ、それはただの「妄想」です。町の行政に深く入り込んだわたしは、「これからは国や県がいくら頑張っても、役場がちゃんとしないと、どうしようもないな」と思いました。

戦後の荒廃からナショナルミニマム（国民生活最低水準）ができるまでは、統一規格を決めて全国一律で整備した方が効率的だった。しかし、それは昭和の時代に大体でき上ってしまった。今日の課題は、各地域の事情に合わせて、どうやって自分たちのまちづくりを工夫するかということに移っている。そして、それは、霞が関の机に座って、現場にいないで考える話ではありません。

久住町に残りたい

わたしは公害規制課長を2年務めた後、財政課長になりました。県庁の中で最も「官僚的」な仕事です。

「地球にやさしいむら基本構想」は、我ながら結構良いものができたなと思いました。できれば少しでも実現したい。町の人たちからも「あんた、計画つくって、はい、さようならじゃ無責任じゃないか」みたいに言われました。農業とか自然を相手にした仕事への興味も大きくなりました。

「また霞が関に戻ると、前みたいな仕事で自由がない」「こっちの仕事の方が生きている実感がある。『自分の仕事』ができる」という思いが募ってきます。けれど、わたしが久住に残ることなど普通は認められないでしょう。「自治省をやめて、役場に雇ってもらうしかないかな」と考え込みました。
そんな時、「もう少し先かな」と考えていた復帰内示が来ました。自治省の先輩の総務部長に「君は今度3月で東京に帰ることになるよ」と言われました。
家に帰って妻に
「いくら考えても霞が関に帰って仕事をするよりは、久住で『地球にやさしいむらづくり』をやりたいんだ。どう思う?」
と告白すると、彼女はわたしの東京での仕事が大変だったのも見ているので
「いいんじゃない」
と、言ってくれました。

平松知事にアポをとって、日曜の午後に公邸に出かけていきました。

「知事さんがわたしに久住の仕事をやらせたから、わたしはこういう気になっちゃったんです。なので、ご支援をお願いします」と言う…、そうすれば、もしかしたら「ちょっと山田の気持ちも酌んでやってもらえないか」と、自治省に話をしてくれるんじゃないかな…というストーリーを思い描きました。

ところが、知事からは

「君、そんな甘いもんじゃないよ。田舎は田舎でいろいろあるんだ。いやむしろ田舎の方が難しい。君は、今は県庁の立場とか国の役人の立場で行っているから地元にも受け入れられるのだ。裸一貫で行ったって、世の中はそんなに甘いもんじゃない」

と、お説教をくらいました。

「自分は思いが強いので、何とかお願いします」

と言って帰ってきました。

自治省から来ている総務部長にも同じことを言いました。

「お前よー、そんな面倒臭いことを言い出すなよなー」

とは言われたのですが、この先輩はすごくいい人だったので「山田がこんなことを言っている」と自治省の人事担当に話をしてくれました。平松知事も、過去に大分県で副知事や部長をやり、本省へ帰って偉くなっている人たちに連絡して「どうにかしてやってくれないか」と話をしてくれたらしいです。

あのアイデアマン、久住町助役の本郷幹雄さんの家に行って、夜飲みながら、「もし僕が自治省をやめて久住町役場に勤めると言ったら雇ってくれますか」と訊きました。

「えっ？　そりゃいいも悪いもない！」

早速、本郷さんは衛藤町長に話しました。町長が県庁にやってきて「あんた、助役から話を聞いたけど、本当か？」と訊かれて、「本当です」と答えたら、その足で親しい副知事のところへ協力のお願いに行ってくれました。

知事、総務部長、町長・副知事ルートの話は一緒になって、みんなで「どうする、どうする」と考えていただいたらしいです。

少したって総務部長から「今晩ちょっと話がある」と全日空ホテルのバーに呼び出されました。

「これから僕が言うことに、『うん』と言ってもらわねば困る」

「それはお話を聞いてみるまでは、分かりません」

「それじゃだめだ。『うん』と言うと約束しろ」

「まず、お話を聞かせてください」

「みんなで考えたけど、おまえ、一遍東京へ帰れ。東京に1年帰って、気が変わらなかったら、君の希望を叶えてやろう」

おそらくみなさんは、「どうせ今はちょっと熱に浮かされているだけだ。あいつ、東京出身だし、東京に帰ればまた東京の楽しい生活もある。それで頭が冷えたらおさまるだろう」と思っていらしたのでしょう。でも、偉い方々にここまで心配していただいては仕方ありません。「分かりました」とお返事しました。

シティ・マネジャー

わたしは、東京に戻ることになりました。ただ、1年で帰ってくるつもりだったので、大分で乗っていた中古車を「実は、内緒だけどこういう事情なので、しばらく預かってほしい。適当に乗っていいから」と言って、同い年の県庁の友人にこっそり預けたのです。

東京では自治大学校勤務でした。わたしは「教授」です。自治体職員の生徒に、地方自治法などを教えるのが仕事です。

勤務場所は麻布ですが、わたしの頭の中は「久住モード」です。天気のいい春の日、芝生に車座になって授業をしていました。校長に見つかり、あとで「あれは何をやっていたのかな」と訊かれました。「気持ちが良かったので外でゼミをやってみたんです」と答えると、校長は不思議そうな顔をしていました。

自治大での日々は、二つの点で、後のわたしにとって有意義でした。

第1点は、後に「流しの公務員」となったわたしを呼んでくれる自治体の職員やリーダーに生徒として出会えたこと。「流しの公務員」として渡り歩いた四つの自治体のうち、愛知県安城市と常滑市には、この時のご縁でお世話になりました。

第2点は「シティ・マネジャー公募制」を知ったことです。

市町村管理職の研修旅行の随行でヨーロッパへ行った時、イギリスで「シティ・マネジャー公募制」というのが広く行われていると聞きました。日本でいえば、副市長や企画部長クラス（事務方のトップ）を公募で採用する制度です。

例えば「○年契約、年俸○万ポンドで、こういう構想を実現してほしい」と募る。大学の先生や、民間企業の人、コンサルタントなどが応募する。中にはシティ・マネジャーのプロもいるらしい。

イギリスの自治体では、政策の基本方針は首長や議会が決める。シティ・マネジャーは、高度の専門能力や政策形成能力を発揮して政策を具体化し、選択肢を示します。首長や議会がどの具体案で実行するかを決定し、一般職員がそれを実行する。シティ・マネジャーはそれを統括し、指揮監督する。そんな仕組みになっているらしい。その後、アメリカでも同じような「参事制・市長非常勤制」で行政効果を上げているという話を聞きました。

これからの時代の役場には、こういう職種が必要な気がしました。個別案件ごとにコンサルに丸投げするとどんな悲惨なことになるかは、自治体がバブル期に建てたハコモノのその後を見ればはっきりしています。大分県にいた時にははっきりと認識していなかったのですが、もやもやしていたものが形になってきました。

終身雇用、年功序列の権化のような現在の日本の公務員制度の中で、腕一本で渡り歩く行政の職人、名付けて「流しの公務員」になること。わたしが本当にやりたいのは、コレだとはっきりと悟りました。


東京に帰って半年ぐらいして、自治省総務課の理事官に呼び出されました。

「もう気が変わっただろう?」

「いや、変わっていません」

「まだそんなこと考えているのか? お前、霞が関はこんなに忙しいのに、そんなわがままを言えないのは分かるだろう?」

「でも先輩、今の日本の問題状況を見たら、シティ・マネジャーのような仕事が必要じゃないですか。霞が関がこんな夜中まで一生懸命やっているのに、地方がよくなったようには見えないですよ。市町村の現場に行くと、国の政策が県を通して伝わってくるのですが、霞が関が考えているのとは違うニュアンスで伝わってくる。すごく凝り固まったような感じになっている。霞が関の官僚の努力を結果にするには、国の想いを現場できちんと受けとめて、現場に合った施策をうまく組み立てて、うまく補助金を使える人が必要だと思います。そうでないと官僚も報われないんじゃないですか？」

「納得できないな。それで、だめと言ったらどうするんだ」

「自治省をやめて行かざるを得ないかなと思います」

「うーん、強情なヤツだな。仕方ない。ただし2年だ」

とうとう、久住町に行かせてもらえることになりました。

わたしは一般職（助役など特別職ではない一般職員）で行くことを希望しました。管理業務じゃなく、現場仕事がしたかったのです。

「そりゃお前、県庁で財政課長をやったヤツが市町村に行って一般職というのは示しがつかんだろう」

と理事官は言いました。それまで、キャリア官僚の人が町村に出たという事例は二つしかなく、いずれも助役だったのです。だけど、久住町には本郷助役が既にいるし、小さな町に2人の助役というのはあり得ない。かなりすったもんだがあったらしいのですが、結局は、「一般職だけど『理事』という肩書をつける」ということで決着しました。なので、わたしは「理事兼企画調整課長」となりました。席も1階の助役と総務課長の間と2階の企画調整課に二つ用意されました。

結果的に2年ではなく、久住には6年いることになります。その後、霞が関で仕事をすることはなく、わたしは三つの市を渡り歩く「流しの公務員」になったのでした。

消防団と操法大会

1997年、わたしはかつて暮らした大分市を飛び越えて、久住に降り立ちました。今度は家族でこの地に住みます。

上の男の子が6歳で下の女の子が2歳でした。家には鍵をかけません。小学校も1クラス10人ぐらいで、みんなで友達の家でご飯を食べたりしている。

2歳の娘が牛小屋に行って、手を出して「ペロペロして」と言います。牛の舌はすごく大きくて、ざらざらしている。牛はこの舌で、大好きな塩のかたまりを削り取ってなめます。

自然が濃い。夏になると特に濃い。保育所の帰りに娘と一緒にトンボの羽化が観察できます。駐車場から車を出そうとすると、ボンネットの上でヘビがとぐろを巻いています。家の前でタヌキが追いかけっこをしている。たくさんの生き物の中で人間も生きているという感じです。

わたしは、消防団に入りました。制服が貸与され、「操法」の練習が始まりました。操法訓練というのは、実際の消火活動の練習というより型の美しさを競う競技で、「消防の甲子園」と呼ばれる全国大会もあります。団結心を高めるための大事な行事です。

わたしは、出張や夜の仕事が多く練習を休まざるを得ないので「補助員」。消火演技の間、ホースが防火水槽から飛び出さないように押さえる役です。後は演技が終わるまで、ずっと「気を付け」の姿勢を保ちます。

所属は久住町消防団東部分団第二部。消防団に入ろうと思ったきっかけは、久住に来たばかりの4月の終わり、日曜日のことでした。「地ビール村」のオープン記念式典に出席しての帰り道、ほろ酔い気分でマイクロバスに乗っていると、町外れから黒い煙が立ち上がっています。自宅にたどり着くと、近所の皆さんが道ばたに大勢出ています。

「町民グランド近くの家が火事だ！」

わたしは、なぜか「自分も現場に行って何かしなければいけない！」と思いました（行っても何もできないことは分かっていたのですが）。自分でも意外でした。これまでは「火事を消すのは消防署の仕事だ。一般市民には関係ない」というように考えていたからです。火事に体が反応したのは、都会に比べて田舎で暮らす方が、地域社会への帰属意識、参加意識、役割意識が自然と強くなるからだと思います。

火事が起こると、男たちが法被を着て走って行く。「広域消防が来るまでに消す」というのが久住町消防団のプライドです。ふだんはお調子者で頼りない同年代の男性が、火事場では人が変わったようにシャキッとする。女性陣は炊き出しをしてくれる。「ボランティア」ではない。これは共同体の「務め」です。

自治省消防庁内では「消防は自治の原点である」という言葉がよく聞かれます。でも、国の職員の中で、消防団に所属した経験のある人は、ほとんどいないと思います。久住に赴任する前、霞が関で自治省総務課の理事官が「県庁の課長をやった者が市町村の一般職では示しがつかない」と話したということは前に触れました。

わたしはおかしいなと思いました。公式には、「国と県と市町村は対等だ」と言っている。なのに、内部では「(平等では)示しがつかんだろう」と言う。内心はやはり「国・県の方が上」と思っているのです。

「消防は自治の原点」も同じです。常套句ではあっても、官僚は誰もやったことがない。だから、言っていることとやっていることが合致していない。

「消防は自治の原点」というのは正しい。火事の延焼からコミュニティーを守るのは基本中の基本です。みんなで守る。地震や台風の時も消防団は地域を守ります。正しいことは、実践されてはじめて価値があるのです。

　春先の温かいある日、町営国民宿舎の支配人が、従業員を集めて、周りの雑木林の下草を焼いていました。油断した隙に、火の勢いが増して収拾がつかなくなった。火事です。サイレンが鳴りました。国民宿舎はわたしの分団の守備範囲です。平日の昼間で、団員はみんな勤めに出て町内にはいない。法被をつかみ、ヘルメットをかぶって、役場職員3、4人と共に出動しました。

「ジェットシューター」という、水枕を大きくしたような消火機材を背負いました。ハンドポンプの圧力で、プシューッと勢いよく水が出ます。少人数が広い現場に散りました。わたしが消火に向かった場所は最悪でした。火がじわじわ燃え広がり、裏の山の杉林に到達する寸前でした。杉は油分が多く、いったん火が付いたらとめられません。まわりを見回しても誰もいない。1人でやるしかありません。

　杉の植林地帯に入るぎりぎりのところを必死で消して回りました。怖かったです。下手をすると、一山燃やしちゃう。1時間ぐらい奮闘して、何とか消し切りました。

豪雨でイベント大失敗

激しい雨が降っています。どんどん大雨になります。

屋外のステージでは日本全国から久住にやってきた人たちが芸能を披露していますが、よく見えません。ステージの裏から上がる花火は、煙と雨にさえぎられ、音だけがむなしく響きます。

みんなわたしがこのイベントの首謀者だと知っています。会場を歩くと、「誰だ、こんなことを考えたやつは！」と聞こえよがしに言う声が胸に刺さります。

1998年10月。「文化の国体」といわれる国民文化祭が大分県で開かれました。久住町は、「郷土芸能祭」の会場になりました。わたしはこのイベントの責任者でしたが、雨天対策をせずに強行し、大失敗に終わりました。

前日から怪しい雲行きでした。天気予報は「明日は午後から雨」。中止を決断すべきでした。しかし、午後から体育館で行われたリハーサルでは、全国各地からの出演者の盛り上がりがすごく、その後の立食パーティーには韓国の舞踏団も到着し、歓声で迎えられる。とても中止を切り出す勇気がありませんでした。

当日は朝から小雨が降りだしました。「どうしようかな、中止かな」「もしかしたら早く降り出して、早くあがるかも」「何時間かでもあがってくれないかな」…。自宅で迷っていると、前の道を出演する山車《だし》が出て行くのが見えました。「あ、出ていっちゃった。これはもう中止というわけにはいかないな」でも、雨がやむ気配はない。

失敗する時は、このように判断がどんどん遅れて、最悪な事態に追い込まれていきます。「こういう条件だったら撤退する」と事前にちゃんと決めていないと、ずるずると蟻地獄に引き込まれる。

イベントの翌日は、皮肉にも快晴でした。昨日ずぶ濡れで舞ってくれた出演者たちが引きあげていきます。わたしはズタボロになって、自宅でくすぶっていました。本当はこういう時は、這ってでも見送りに行き、謝らなければいけない。ですが、体が重くて動きません。「自分はあの時弱かったな」と思います。とにかく恥ずかしくて行けませんでした。町役場の係長が国民宿舎へ行って、ずっと頭を下げていてくれたそうです。みんな「元気出してな」と言って帰ったといいます。

事後、町の人たちは、わたしのことをとがめだてしませんでした。議員も、ほとんど何も言いませんでした。農村のコミュニティーでは、失敗した者をコーナーに追い詰めてとどめを刺すようなことはしない。それもまたつらかったです。

会場の芝のグラウンドはぐちゃぐちゃになりました。衛藤町長は黙って予算をつけてグラウンドを改修してくれました。感謝しました。

国民文化祭のイベントは、県から持ち掛けられました。文化団体の重鎮や県の教育委員会の人が来て、「やはり久住高原でやるのだから場所は屋外でないと」などと言い、プログラムをつくり、場所も出演者も日時も決めて、「あとはお願いね」という進め方でした。わたしもこの種のイベントの経験がなく、どう進めたらよいかイメージが湧きませんでした。「郷土芸能なんてつまらないものだ」と思い、放ってありました。

雨天対策を怠ったことや中止の判断に踏み切れなかったこと以前に、主体性を持たずに県に言われるままやっていたことが、一番大きな反省材料です。

リターンマッチ

ＴＡＯというプロの和太鼓の集団が久住に本拠地を構えています。国民文化祭の時は、出演だけでなく演出も頼みました。しばらくして、その社長から電話がありました。

「山田さん、来年の11月に大分のグランシアタを押さえていいですか。どうしても、リターンマッチをやりたい」

グランシアタというのは、国民文化祭のためにできた大分県で一番いいホールです。もう一度、久住の伝統芸能や祭りを集めた舞台を、そこでやりたいというのです。わたしの中にも、「久住の出演者に申し訳なかったから、代わりの場を用意したい」という気持ちがありました。

郷土芸能祭の準備の過程で、祭りや郷土芸能については少し勉強しました。例えば、久住地区の「夏越《なごし》祭り」にはストーリーがあって、言ってみれば「神様のバカンス」です。神様が地上に遊びに降りて来る。神社からお神輿に乗って街中の「お仮屋」まで運ばれてくる。そこは、まあ滞在所、というかホテルですね。人々は神様を楽しませるために神楽を舞ったり、見立て細工で山車をつくって曳く。バカンス中は人間も無礼講です。獅子舞は神様の護衛じゃないでしょうか。そして翌日、神様は天に帰っていく。そういうストーリーがあるということに気がつきました。昔の誰かがシナリオを書いたのでしょう。

近年、農村地域の祭りや伝統芸能は衰退しています。人口減少や娯楽の多様化で、かつて地域最大の娯楽だった祭りへの注目度が薄れて、「ハレの舞台」の地位を失っています。昔は獅子舞の舞い手はヒーローでしたが、今は義務でやっている。当時、獅子舞をやっている神社の境内に行ってみると、見物人は10人もいなかった。みんな家でテレビをつけて、祭り気分で飲み食いしているけど、獅子舞は見に来ない。

祭りの準備から、本番、片付けという一連のプロセスの中で、地域の人々は男も女も、長老から子供までそれぞれの役割を担います。作業の間に冗談を言い合ったり、酒を飲み交わしたりしながらお互いの暮らしや健康の状態を確認し、地域の連帯感を再確認する。祭りにはそんな意味もあるように思いました。

大分市への出張公演では、獅子舞や神輿に「晴れの舞台」をつくりたい。そして、久住の「物語」が感じられる舞台にしたいなと思いました。

プロセスに参加してもらう

みんなを巻き込んでやっていくのにはどうしたらいいか。

国民文化祭の時の県のやり方は「こういう枠組みはつくりました、いついつやります、どこでやります。はい、やってください」という機械的なものでした。出演者にも「あなたはパートはここ。5分間だけ出演するようになっているので、よろしく」と言う。出る人もパーツにすぎないのです。

部品を組み立てるようなやり方はやめることにしました。最初からみんなを集めて「こういう企画をやりたいんですけど、協力してください」「今ここまで進んでいます。シナリオができた。音楽はこんな感じで入ってくる」と知らせて、プロセスにずっと参加してもらうようにしました。

「全体の長さはこれくらいで、出演者がこれだけで、各人の受け持ちはこれくらい」「いや、もっと長く要る」みんな集まってそんなことをぶつけ合った。自己主張するだけでは枠にはまりきらないので、話し合いで決めていきました。プロセスが大切で、最後の舞台は全体のプロセスの一部分です。

国民文化祭でしくじっているので、関係者にプロセスに入ってもらえるかどうか心配でした。でもお仕着せでないことが幸いしたせいか、受け入れてもらえました。

「今度やるグランシアタを、みんなで一度見に行きましょう」と実行委員のメンバーを誘い、役場のマイクロバスで大分市に出かけました。皆、新築の美しく巨大なホールに感動し、気持ちに火が付きました。現場を見ると人間、本気になります。

チケット販売もプロセスの一つです。これにも最初から関与してもらいました。グランシアタは約2000席です。チケットを2300枚くらい刷り、各出演団体に割り振りました。団体は10ぐらいあって、出演者がそれぞれ20人くらいいます。「1人10枚ずつ売ってください」と頼んだのですが、内心、全部売れるとは思っていませんでした。

ところが、出演者たちは、家族以外に、久住出身で大分市や別府市在住の親族や知り合いに声を掛けていったのです。そういう人たちにとっては、ふるさとの芸能は懐かしい。しばらく帰っていない人もいます。「グランシアタに行けば1年分の久住の祭りの芸能が全部見られる」と喜んでチケットを買った。ほとんど売れ残りはありませんでした。

獅子舞は、正式に初めから終わりまでやると、30分はかかります。「見せ場のところだけでいいから5分にしてください」と言うと、長老たちは「俺たちの本物の伝統芸能は5分じゃできない」「あっちの獅子とは一緒にやれない」などと反発します。

こういう時は、外部の「権威ある」人に登場してもらうしかありません。福岡の芸能企画会社のディレクターに実行委員会に来てもらって「客観的に見て、獅子舞8分では、お客はみな席を立ってしまいます。忍びがたきを忍んで5分にしてほしい」と言ってもらいました。長老はコロリと説得されました。よそ者に言われると、案外弱いのです。

「俺はここでやるのか!」

チケットは売れ、当日は「満席」になりました。グランシアタは大分市のランドマークの「オアシスタワー」の2階に入口があります。その入口から中央の吹き抜けを取り囲んで「踊り場」があるのですが、夕方見に行ったら、そこに500~600人の列ができています。「今日は何かほかに大きな催し物があるのかな」と思っていたのですが、何と久住の出張公演のお客さんなのでした。座席指定ではなかったので、みんないい席をとりたい。1時間も前からずっと並んでいたのです。びっくりしました。ホールの管理人から「素人さんの舞台でこんなに人が並んだのは初めてです」と言われました。

開演前、獅子舞のリハーサルのため、小学校5年生の男の子が裏手から舞台に入ってきました。客席から見ていると、舞台は横に広いようなイメージがありますが、実はかなり奥行きがある大空間です。さらに、目の前には、ワインレッドの背もたれと木のひじかけのついた2000の客席が、せりあがるように2階まで広がっている。少年は、

「すごい、きょう俺はここでやるのか!」

と叫びました。わたしは「ここまでくるのは大変だったけれど企画してよかったなあ」と思いました。

久住高原には白い着物を着た30センチほどの背丈の仙人が住み、ここ2000年ほど草原の番をしている――。わたしはこの公演のため、シナリオを書きました。仙人を狂言回しに、久住の伝説や歴史、四季や人々の暮らしを物語にする。初めてで苦労しましたが、「仙人」を思いついたとたん、まるで神が降りてきたようにスラスラと書けました。

ナレーションは、プロを雇う金がないので、わたしがやらされました。自分が書いたシナリオなので、途中までは完璧でした。「盆踊り」の番になり、浴衣を着た女性たちがホ

「久住の祭りinグランシアタ」のフィナーレ

ールの扉を開けて四方八方から入場し、通路で踊り始めました。暗かった客席が明るくなった。その瞬間、踊りを見ているおばあさんが涙を流しているのが目に入ってしまいました。ウッときて、次のセリフを間違えてしまった。こういう時でも平常心を保てるのが本当のプロだとわかりました。

舞台に上がった久住の住民は計250人。2000人の観客は惜しみない拍手をおくりました。演者は大満足でした。

それから一週間ぐらいの間、久住のまちなかを歩いていると、何台もの車がわたしの脇で停車し、「グランシアタよかったぞ!」と声を掛けてもらいました。

この仕事を通じ、わたしは、まだ十分には

意識していませんでしたが、人々を巻き込んで一つのことを成し遂げていくことに可能性を感じました。従来の行政のリーダーシップは、国や県の職員や市町村の幹部が「すべてを自分が握っている。役割を振るから、その通りやれ」という手法が主流でしたが、まったく別なやり方もあり得ることに気付き始めていました。

ショーは初めてでしたが、わたしは「脚本」や「演出」を学びました。どうしたら作者の意図が伝わるか…。会社でも役所でも仕事を事務処理のようにやっているけれど、会議だって起承転結のある物語としてできないか。行事はあたかも芝居のように観客に意味が伝わり、出ている人も面白い―そんな具合にできないか。そんな思いが芽生えました。

論議も検証もされない意見

グランシアタの出張公演以上に、最初から意識的に人々を巻き込んで、地域の意思形成をしたのが「バイパスルートの決定」です。この問題の本質は住民・議員のエゴでした。「バイパスが自分の家の近くを通ったら地価が上がる。もしかしたら、不要な土地が用地として高く売れる…」。人間にエゴや自分の考えがあるのは当たり前です。

それまで、町の重要事項は、実力者たちが密室で決めていました。しかし、エゴの渦巻く裏舞台ではなくオープンな場で議論し、結論を出すことはできないだろうか。その手法として、「ワークショップ方式」を試してみたのです。

最近は、どこの役所でも「審議会」とか「市民会議」をやるようになりました。しかし、多くの場合、結論は既に決まっていて、「市民の言うことを聞いた」というアリバイづくりという性格が強い。勘の良い市民は「何だ、利用されているな」と感じます。私の目指すワークショップは違います。みんなで結論を創っていく場です。

バイパスをどんなルートでつくるか、あるいはつくらないか、どれでもいいと思っていました。仕切り役のわたしが自分の意見を持たない方がこの種の仕事はうまくいきます。


国道442号線が、久住町の集落の中心部を通っています。

私の赴任前後から、久住高原に観光施設がたくさんでき始め、九州内に知れわたり、人気スポットになった。ゴールデンウィークには、久住高原から集落地帯まで7、8キロの国道にずっと車がつながります。これまでなかったことです。「これはどうかせにゃいかん。バイパスが要るぞ」という話になりました。かなり前に子供が大型ダンプにひかれて亡くなった事故があった。その時の議論が再燃したのです。

バイパスは県管理の国道としてつくることになるので、形式上は町でルートは決められない。しかし、ようやく県の改良工事の順番が来そうになっていた。ルートについて町の意向が固まらなければ、久住のバイパスの話は後回しにされてしまうかもしれません。

バイパスは東ルートと西ルートで意見が対立し、収拾がつかない状況でした。そこには、自分の家の場所が東か西かという問題以外に、商店街の問題がありました。

「今は狭くて危ないながらもこの国道があって、その道沿いに商店があるから、みんな車で来て買い物に来てくれるけれど、バイパスができてそちらに車が流れたら、お店に人が来なくなっちゃうじゃないか」という人がいました。

わたしが「商店街に来るのは地元の人ですか、観光客ですか」と訊くと、「ほとんど地元の人」だという。「地元の人はバイパスができたからといって、肉を買わないわけにいかないでしょう。今までどおり買いに来るんじゃないですか」と言うと、「うーん」となる。それでも「バイパスが通ったらうちの店はあがったりだ」という主張だけを繰り返す。

もう少し大きな夢を見る人もいます。「バイパスの脇に商店を集めたようなモールをつくって、ここの店を全部移せば便利だし、もしかしたら通りすがりの人も買う。今の商店街はだめだから、そうしたらどうか」

それに対してわたしが「高原でバーベキューする人はここで肉を買うかもしれないけれど、でも、年間を通じてそんなに多いですかね。観光土産店ならともかく、今の品揃えで町外の人は利用しますか？」と言うと、「うーん」となってしまう。

議論が行われないままに各自の思いつきの意見が出て、それが検証されないままにずっと残り、そのままになっている。

わたしがちょっと突っ込みを入れた程度のことも論議されていない。話し合う場もない。今まではこういうケースでは、役場の担当者が、一応住民の声を情報として集めて「やっぱりこっちだよね」と独断で決めていた。その後、議会でもめることは少なくない。もめた末に仮に結論がまとまったとしても、住民は「何であっちになったんだ」と、ずっと不満が残ってしまいます。

ワークショップという解決法

山梨県の清里に「キープ協会」があります。「清里教育実験計画」の英語の頭文字(Kiyosato Educational Experiment Project)が名前の由来です。聖路加国際病院の建設募金運動をやった米国人ポール・ラッシュが設立しました。キープ協会には環境教育事業部があり、環境教育の指導者養成セミナーをやっています。わたしは自治大勤務時代に参加したことがありました。

そこで、グループワークが円滑に進むよう、中立の立場から支援するファシリテーションとかワークショップのやり方を習ったのですが、その時に、環境教育事業部のリーダーが「これは別に環境教育だけの話じゃなくて、本当はまちづくりに応用できるといいんですよね」と言ったのを覚えていました。

東京都世田谷区で公園をつくるのに、近所のお母さんたちを集めて「こんな公園にしたい」といってワークショップを重ねて、「ねこじゃらし公園」というのをつくったことを書いた本がそこにありました。

ワークショップの手法をバイパスに応用したらどうなるだろうと考えました。「公園ならできるかもしれない。道路に応用できるかな。まあ、物は試しだ。やってみよう」。

1997年5月に第1回目を開いたワークショップ（久住街づくり検討委員会）のメンバーは24人。町議会、関係団体（観光協会、商工会）、商店街、自治会の代表と町長以下役場の三役、関係課長です。常滑市民病院建設でやった「100人会議」もワークショップで、一般の市民が中心でしたが、バイパスの時は、役職に割り当てて集めたお歴々みたいな人が多かった。だけど、その人たちに意見を闘わせてもらい、どうすればよいかをみんなで考えてほしかったのです。

メンバーの一人の町議会議長さんはいつものような会だと思って、私に尋ねました。

「事務局案はできているのか?」

「ありません。みなさんでつくるのです」

まず、全員で思っていることを出し合い、バイパスに関する問題点を整理していきました。地域交通や交通安全の問題、商店街の問題、バイパス周辺の都市計画の問題、バイパスの位置や構造の問題などにまとめられました。

次に、商店街振興や道路建設の専門家である県の中小企業課や土木事務所の職員を招いて、話し合いに参加してもらいました。外部の第三者の意見は、当事者に物事を客観的に見てもらう触媒になるからです。

「商店街はバイパスをつくったら本当にさびれるのか?」「バイパス沿いに集合店舗モールをつくったら、栄えるのか?」「バイパスの両サイドにモールをつくるような土地ができるのか?」これらの疑問に対する専門家の回答にメンバーは納得の表情でした。

そうしているうちに、製作を依頼していた立体模型が届きました。参加者を居住地に関係なく4班に分け、模型を見ながらそれぞれ話し合って、ルート案をつくってもらいました。この時は三つの班が西側ルート、一つの班が東側ルートを提示しました。

次に、それぞれの案について、物理的に可能か、工期や建設費はどうなるか、バイパスルート周辺の土地利用は可能か、バイパス完成後に旧道周辺はどうなるか、波及効果はどうかなどの点からメリット、デメリットを全体で話し合いました。

その上で、「じゃ、現場へ行って、実際にどこを通るか眺めてみましょう」とみんなで視察してみました。そうすると、みんな自分の主張の正しいところも、間違っていたところも分かってきます。「商店街の問題はバイパスの問題とはちょっと切り離した方がいい」とか「東ルートは谷に橋をたくさん架けていかなきゃいけない」などと分かってくる。

5回のワークショップを重ねましたが、わたしは、「ここらで結論を出しましょう」とは言いませんでした。とにかく「次はこういうふうにしてみましょう」などとやっていたら、みんながだんだん自分たちで結論に近づいて、じれったくなってきた。誰からともなく「山田さん、もうそろそろ結論出そうよ」と言い出しました。

24人、全員一致で「西ルート」でした。

情報公開で噂は消える

この議論の過程を住民に公開するかどうか、わたしは決めかねていました。ワークショップに参加者からは、「公開すると、噂が立って土地が買い占められたりするから、やめてくれ」と言われました。なので、弊害もあるかなと思って、やめにしていました。

ちょうどその頃、当時北海道のニセコ町長をされていた逢坂誠二さん（現衆院議員）が由布院に講演に来るとの情報が入りました。片道1時間かけて聴きに行きました。逢坂町長は、「もっと知りたいことしの仕事」という当時としては画期的に分かりやすい予算説明書をつくっていて、その中で、「来年ここの土地を買収して町道をつくります」というようなことを、ご丁寧に図解までして全町民に公開されていました。

講演後、こちらの素性を名乗り、バイパスのワークショップを開催していることをお話しした上で、質問しました。「あんなに情報をオープンにしたら、土地の買い占めが起こりませんか？」すると逢坂さんはこうおっしゃった。

「そんなことはありません。むしろ情報を隠すと、かえってそういうことが起こる。オープンにしちゃうと反対にやりにくい。狭い社会だから」

その直後だったと思いますが、ワークショップのメンバーの一人でちょっと癖のある町議会議員（西ルートを選択すると彼の家がルートにかかる＝補償金がもらえる＝可能性がありました）がわたしにこう言ってきたのです。

「山田さん、噂が立って困っている。私が自分の家を道路にかけようと思って画策していると言われているんだ。みんなが意見を出し合って決まる街づくり委員会のプロセスを公開してくれ」

その議員は、最初は「絶対にオープンにするな」と言っていたのです。逢坂さんの言った通りだと思い、遅ればせながら広報紙に議論の過程を公開しました。すると噂は途端に収まりました。

オブザーバー参加していた県土木事務所の職員は大いに驚いていました。彼らは一連のプロセスを見ていて、「こんなことを道路でやったことがない」と言うんです。わたしが逢坂さんに相談したのと同じ心配をしていた。「とにかく道路の交渉なんて極秘裏にやるものだ」というのが土木屋さんの常識です。用地交渉の相手に「何で勝手に俺の土地を道路にするんだ！」なんてゴネられたら困る。でも、ゴネる人はオープンにしようがしまいが、ゴネます。


こんなやり方をしたのは、久住町の行政の歴史上、はじめてだったと思いますが、みな真剣に議論に参加してくれました。場がオープンになると、誰しもあからさまなエゴを主張しにくくなるということが分かりました。

このプロセスは県に高く評価され、バイパス事業は予定を前倒しして採択・実施されました。

この仕事でわたしは「民主主義を公共事業に当てはめる」試みに成功したと思いました。こういうことを何度も繰り返していくと、町民や議員の意識は随分変わるのではないでしょうか。

ある地域で「道をつくったり広げたりしてほしい」という話があり、そう言っている人が、実際にその道の拡幅計画に自分の土地がかかったりすると、（本当はそんなに必要な土地でなくても）ぐずぐず言って売らないということがあります。久住でも多かった。バイパスの件の後、「今年の町道の予算は1本分しかない。だけど、3地区から1本ずつ要望が上がっている。地域で一番早く土地の話をまとめてくれたところを優先する」と呼び掛けたこともあります。これが意外にうまく行きました。

こっちが「売ってください」と言いに行くとだめなのです。人間の心理って面白いなと思いました。「話がまとまらないのだったら別のところにつくります」と言うと、みんな一生懸命土地を売ってくれます。

「出るまで掘ってくれ」

「ちょっと暇だから公民館でも行ってみようか」

２０００年に久住町に新築した温泉付き公民館のコンセプトです。みんなの意見をまとめて一言で言うと、そういうことになると思って決めました。

木造で公共施設というより大きな家のようです。暖炉があります。床屋やパーマ屋や農協が入っています。農村部でも個人主義化が進み、コミュニティーがどんどん壊れています。わたしは、みんながいつもここに集まってくるようにしたいと思いました。用事がなくても、暇だから行けば誰かと会える場所、そんな地域の拠点にしたかったのです。

地区の人々が温泉に入りに来る時間はそれぞれ決まっています。同じ顔ぶれが同じ時間帯に大体毎日顔を合わせる。その日に誰か来ていないと、「○○さん、大丈夫かな？」と電話をかけてみたりする。地域の「見守り機能」を果たしています。（最近になって、国土交通省が「小さな拠点づくり」という政策を打ち出しています）

この公民館建設では、住民を性別や世代に分けて詳しいヒアリングをしました。住民の声に深く耳を傾け、その思いを形にしてくれる優れた設計者にも出逢うことができました。人々に当初から関与してもらい、当事者として計画を立ててもらう—。グランシアタでの出張公演での成功に味を占め、手法をさらに徹底しました。建物をつくるプロジェクトですから、世田谷の「ねこじゃらし公園」により近く、バイパス問題より利用者の意見を集めて形にしていくのにふさわしいプロジェクトだと思ったからです。

久住町の一番西、熊本県境に位置する白丹《しらに》地区。昭和30年代築の公民館は激しく老朽化していました。廊下を歩けばミシミシという音が響き、2階の大広間に大勢が集まると、床が抜けそうでした。他の2地区（久住地区・都野《みやこの》地区）の公民館は新築され、住民には「最後まで我慢したから、飛び切りの公民館が欲しい」との思いが募っていました。

ある宴席で、私と同年の酪農家が言いました。

「新しい白丹公民館に温泉があったらいいなあ」

しかし、この地区は掘っても温泉が出ないというのが通説でした。

「そりゃいいけど、無理じゃろ」「町長がウンと言わんわい」そんな意見が大勢だったと聞きます。

ところが知恵者がいました。「俺の辞書に『失敗』という文字はない。まだ成功していないだけだ」が口癖の本郷幹雄助役です。彼はこんなことを言ったそうです。

「温泉を掘ってくれと衛藤町長に頼んでも、無理だろう。都野地区出身の町長は、温泉が出なかったら次の選挙は確実に落ちる。でも、もし温泉が出て、屋根をかけてくれ（建物をつくってくれ）と頼んだら可能性はあるかもしれない。みんなで寄付を集めて温泉を掘ってみないか？　俺は50万出す。金持ちは100万。一世帯平均7万集めると、大体1

500万くらいになる。それくらいあれば、別府のボーリング業者を頼めるらしいぞ」

助役は、先に書いたように、わたしが大分県庁から自治省に帰る話があった時も相談に乗ってもらいました。面白い人で、アイデアマンです。

家に行くと、自分の家の池に泳いでいるニシキゴイをさばいて食べさせてくれたことがあります。

「ニシキゴイを食おうとするやつはいないだろ。だけど、食えばうまいんだ」

既成概念に捉われない人でした。

実行委員会ができ、寄付集めが始まりました。その過程では様々なことを言われたそうです。「お湯が出なかったら返してくれるのか?」「100万円の人と1万円の人の権利は同じか?」「寄付をすれば一生ただで温泉に入れるのか?」……。

332戸。ほぼ全戸からお金を集めました。そういう土地柄なのです。生活保護を受けていた人が、千円札のしわをのばして3枚持ってきたそうです。

1833万円が集まりました。このうち1200万円を持って別府の温泉掘削業者を訪ね、「出るまで掘ってくれ」という条件で頼み込み、掘削が始まりました。毎朝毎晩様子を見に行く地区住民たち。そして2カ月後。地下787メートルまで掘り進み、ついに48度の温泉が出ました。

皆は大喜び。白丹地区はこれを町に寄付し、いよいよ「温泉付き公民館」という前例のないプロジェクトがスタートすることになりました。

既に完成した二つの地区公民館の建設は、教育委員会が担当していました。しかし担当課長は町長に「普通の公民館ならいいけれど、温泉付きとなると教育委員会の所管事項じゃないです」と言ったらしい。そこで、「理事兼企画調整課長」のわたしの出番となりました。まあ「何でも屋」ということです。

男女別世代別のヒアリング

わたしは、まず、地域住民がどんな公民館がほしいか、ヒアリングを始めました。こういう場合、農村では男性の発言力が強いのですが、実際に公民館を多く使うのは女性です。特に調理実習室は女性の城。なのに、集まったのはほとんどが男性でした。女性は地区の婦人会長ただ一人。そして、予想通り、彼女はほとんど発言しません。

次回からは男女別々にヒアリングの機会を持ちました。婦人会長は活発に意見を言い始めました。ところが、出席した若い女性たちはあまり発言しません。男女の壁以外に年齢の壁もあったことに気が付きました。そこで今度は「男女別×年齢別」に分けたグループで集まってもらい、意見を聴くことにしました。すると、グループによって、公民館に期待することが多様であることが分かってきました。

それまでの久住町の設計者選定は、基本的に入札方式でした。単純に一番低い金額で請け負う人を選んでいた。しかし、今回は住民と対話しながらその要望を盛り込んでいくつもりです。そこで、それができる設計者を選ぶため、コンペの方式にしました。5者ぐらいがエントリーしてくれました。

わたしがやろうとしたコンペは「設計者がどのくらい主体性を持って考えたか。その人はどれくらい利用者の気持ちや動きをイメージできる人か。パートナーとして一緒に仕事をしていくのにふさわしい人か」を見極めて選ぶというものでした。

あらかじめヒアリングした住民の意見・要望を私の頭の中で集約し、部屋数、機能、広さなどを記した設計条件をつくりました。同時に住民の意見を分類してそのまま記載したペーパーも配布しました。

ところが、わたしが示した設計条件は、全てを満たそうとすると全体面積も予算もオーバーしてしまうように作られていました。住民の意見も、互いに矛盾するようなことがそのまま載せられています。応募者には「全部かなえるのが無理なことは分かっているので、設計者自身が考えて取捨選択し、プランを提案してほしい」と伝えました。

例えば住民要望には「カラオケルームがあって、カラオケができたらよいのにな」と書いてある。「カラオケルーム、どうしても要りそうだからつくってあげようかな」と考えてもいいし、「カラオケルームというわけにはいかないから、このホールにカラオケの機械を置いて、それでここでやればいいじゃないか」と考えてもいい。

「○○室、面積○○平米、1部屋。大ホール、○○平米、1部屋」というように、かっちりとした要件を出せば、設計案はそれに沿った画一的なものが出てくる。どの案を選んでも機能は一緒だから、判断基準は建物のデザインと色、パース（完成予想図）の良し悪しになってしまう——ということは常滑市民病院の設計会社選定の場面でも触れました。

耳取風《みみとりかぜ》

コンペで選ばれた山口隆志さんの設計案は、まさに希望に沿うものでした。東京芸大建築学科の出身で、大分市内で設計事務所を構えています。久住にはいつもバイクにまたがって来ていました。小柄ですが男前で髭をたくわえている。

ほかの設計者はＣＡＤというコンピュータ・ソフトを使って描いた図面でしたが、山口さんは手で引いてきました。５人の最後にプレゼンをしました。信念が強そうで、ゆっくりと話します。

「皆さん、『耳取風』ってご存じですか？　プランをつくるに当たって、自分は現場を何度も見に来ました。特に寒い冬の日でした。建設予定地はゲートボール場でしたよね。そこで、おばちゃんたちが、ドラム缶で薪を燃やして暖を取りながら、ゲートボールをしていた。『寒いですね』と言ったら、『この風は〝耳取風〟っちいうんよ。この時期くじゅう山から吹きおろす。耳を取っちゃうぐらい寒い風なんよ』と言っていました。それを聞いて、風を遮りつつ、きちっと太陽を採り込むような設計にしました。設計図には暖炉があります。自分はゲートボール場のたき火を公民館の中に置きたいと思いました。それと、寒い冬は農作業もあまりない。公民館がよく利用されるはずだから、床を温かくしたい。電気の床暖房じゃなくて、ＯＭソーラーという屋根で空気を温めて下へ送るような仕組みにしたい」

木の棒で壁に張った図面を指しながら説明します。レーザーポインターやパワーポイントは使わない。そういえば、常滑市民病院の時の日建設計の統括の人も正面に立って棒を使っていました。コンピュータがない時代に育った世代の力を感じました。

最初のコンペで山口さんと甲乙付けがたいもう一人の設計者がいました。審査会では、両者の設計ともに問題点が指摘されました。双方に「あなたの案はこういう問題点が指摘されました。書き直してきてください」と投げ返しました。決勝戦は1週間後です。

山口さんの対抗馬の方は、その指摘に応えようとした結果、三角形の部屋があるような、変なプランになってしまった。本人も自分が混乱してしまったのが分かっていたようです。

一方の山口さんは前回と同じ図面を持ってきました。

「どう考えてもこれしかない。いろいろ指摘がされましたが、運用面でカバーができる問題だと思う。僕の案はこれです」

全会一致で山口さんに決まりました。

婦人会長の一言

山口さんはこの仕事に携われるようになったことを、商売を抜きにして、すごく喜んでいました。ちょうど還暦を迎えた年だったようで、「記念に気合を入れてがんばります」と言っていました。そして、新車（四輪車）を購入してバイクから乗り換え、しょっちゅう現場に来ていました。

設計の詳細は、地区住民と山口さんとの話し合いで決めていきました。

印象的だったのは、一番広いホールの床を畳にするか、フローリングにするかの話し合いです。久住では、地区の行事の後に宴席がセットになっていて、公民館がその会場として使用されることが多いのです。酒飲みの主役は男性で、女性は給仕役に回ることが一般です。農村の宴会は一般的には畳の上です。話し合いのメンバーは男性がほとんど。床は畳ということで決まりかけていました。

ところが、この時ばかりは、婦人会長がきっぱりと言い放ちました。

「あんた達男衆は、酒を飲むばっかし。私たちはカン付けばっかし。酒飲みは畳の上に酒をこぼす。私たちがいくら拭いて回っても、シミは残るし、臭いも残る。宴会は毎日あるわけじゃない。普段公民館を多く利用するのは私たち女性だ。健康体操をしたり、カラオケをしたり、お茶のみをしたり、話し合いをしたりする。歳をとってくると、膝が痛くなる。畳に正座はきつい。椅子でなきゃいかん。男の一方的な都合で畳にするというなら、私はもうカン付けはせん！」

この一言で、ホールの床はフローリングに決まりました。いざとなると、農村の女性は強い。その代わり、冬に床に座っても冷たくないように、ＯＭソーラーの床暖房の仕組みを取り入れ、逆に縁側の部分を畳にしました。

話し合いの主要なメンバーにちょっと強面のおじさんがいました。役場のＯＢで、無口ですが、こだわると譲らない。割と大柄で、話すとちょっと辛口のことを言う。白丹《しらに》公民館のすぐ近くに住んでいるので、毎日、建設現場を視察するのが日課でした。そのおじさんに、施設完成後に言われました。

「あんたに乗せられて、何度も話し合いに出て、いろいろ意見を言わされて、でもどうせわしらは言うだけ、あんたらは聞くだけと思うちょった。でも、実際こうして出来てみると、この建物には、わしらの意見がよう取り入れられちょる」。

小学生からの手紙

住民の意見と言えば、もう一つ。大人たちの意見を聞きながら設計を進めていると、地区の小学校から役場に封書が送られてきました。手紙と手書きの平面図が出てきました。

「小学校の近くの公民館が建て替えになるというので、私たちは総合的学習の時間で設計を考えてみました。参考にしてください。できれば話を聴きに来てください」

という内容でした。山口さんに話すと

「それは面白い。行きましょう」

と言って、早速小学校に出かけました。話をすること2時間。子供たちは本当に真剣にいろいろなことを考えていました。

「温泉と言えばやっぱり卓球台だよな」「うちのばあちゃんはマッサージチェアが好きだ」「うちのお父さんが飼っている牛の搾りたての牛乳を、温泉館のお客さんに飲んでほしい」「赤ちゃんを連れてくるお母さんがいる。そのお母さんが子供を着がえさせたり、おしめを換えたりできるように、畳1畳のスペースが欲しい」。

「プレールームや勉強室がほしい」という意見もありました。久住町は面積が広く、集落は分散しています。少子化で一つの集落にいる子供の数が少ない。家に帰ると近所に友達はいない。だから、学校が終わっても学校の近くでずっと一緒に遊んでいたい。「夕方には仕事を終えたお父さんが軽トラで迎えに来てくれる。お父さんと一緒に温泉に入って、一緒に帰る。だから、公民館で子供が遊べるようにしてほしい」と言われて、プレールームをつくりました。ちょっと面白いおもちゃや本も揃えました。このように、子供たちの提案で実際に採用されたものがたくさんありました。

建設作業が終盤に差しかかると、山口さんは「あの子たちを作業に関わらせたいので、集めてほしい」と言います。白丹小学校の5年生と6年生が、公民館と道路を隔てる壁に装飾用の小石をはめる作業に取り組みました。左官職人が小手で土を塗った上から、バケツに用意された丸い小石をはめていきます。最初は恐る恐る小石をつまんでいた子供たちは、5分もすると歓声を上げ始めました。

そのうち一人の男の子がこう尋ねてきました。「おじさん、壁に手形押してもいい?」。見たことはありませんが、ハリウッドには、スターの足形が押された歩道があると聞いたことがありました。「いいよ」というと、彼らは「やったー！」と言って、塗ったばかりの土壁にペタペタと手形を押し始めました。出来上がりを見てみると、手形だけでなく、「大地」とか「なおみ」とか、小石で自分の名前を書いた子供もいます。それを見ていた左官のケンさんも、「俺もやりたい」と言って両手の手形を押し、小手の先で「Ｋｅｎ」とサインをしていました。これが「みんなで考えみんなでつくる公共施設」の最初の試みになりました。そして、この「手形の壁」が、常滑市民病院エントランスホールの「タイル壁画プロジェクト」につながりました。

一番風呂

設計士の山口さんはこだわりが強く、とても面白い人でした。完成間近になると、彼はわたしにこう尋ねました。

「山田さん、この建物は、引き渡しまでは私のものですよね？」

「どういう意味ですか？」

「実は、建築に関わった職人さんに一番風呂に入ってもらいたいんですよ。ついでに、暖炉の前でちょっと宴会をやりたいんです」

「かまいませんよ。でもどうして？」

完成した白丹公民館（写真右が小学生が手形を残した壁）

「いやあ、こういう大きな工事の現場って、分業で成り立っているので、例えば基礎工事の職人さんは基礎が終わると次の現場に移ってしまって、自分の仕事がどのように建物として完成したのか見る機会がなかなかないんです。だから、集まれる人たちだけでも集まってもらって、完成した建物を見てもらいたいんです」

「そりゃ、いいことですね。どうぞ、どうぞ」

普通の公共建築の場合、公務員の建設担当者はそんなことは認めたりしないでしょうし、建設会社も施主に言い出したりはしないと思います。でも、建設現場っていうのはそんな感じなのだということが分かって、とても勉強になりました。

建築に関わった職人たちが堪能した「一番風呂」（後方右から２人目が山口さん）

後日、山口さんから感謝の言葉とともに、十数人の職人さんたちが温泉棟の浴槽の中に入って撮った記念写真をもらいました。みな、とても嬉しそうな顔をしていました。その夜、暖炉の前で飲んだ酒は、さぞかしうまかったろうと思います。この経験が、常滑市民病院の「陶板棟札」のプロジェクトにつながりました。

山口さんは、残念ながら２０１３年に亡くなりました。新・常滑市民病院を見てもらいたかった。惜しい人を亡くしました。

第4章
トイレを磨く

「久住町お掃除に学ぶ会」（久住小学校）

「本当はいい人だったんですね」

久住には6年間いました。役場の職員で、最後の1年間一緒に仕事をした人がいます。子供が同じぐらいの年だったので、何組かの家族で一緒に旅行に行くようになりました。ある時、その人がぽつんと言いました。

「山田さんって本当はいい人だったんですね」

あ、「悪い人」だって思われていたんだと思って、ハッとしました。

何が原因だったのだろうと考えてみると、思い当たることがありました。久住に来たばかりの頃のことです。

4月に着任すると、既に予算編成作業は終わり、議会もすんで、業務は動き出していました。わたしは「予算書を見せてください」と財政担当に頼んで、それを見ながら、各部署の人を呼んでヒアリングをしました。そこで、県の財政課長がやるように、「これは何の目的でやっているのですか」とか、「どういう計画なんですか」などと問い詰めてしまったのです。

小さな役場ですから、県庁のようにスタッフが充実しているわけではない。予算なんて結構フワッと決まって、実施していく途中で考えながら増えたり減ったりするようなのが一般的です。だけど、そこに官僚的なやり方を持ち込んで、「ちゃんとできていないじゃないか」とやった。「久住町の行政を近代化しなきゃいけない」という使命感を持っていた。「伝道師」のようなつもりでいたのが間違いでした。

職員は、誰も言いませんでしたけど、すごく不満だったようです。だから「あいつ、何だ」と、嫌われてしまった。

今、「地方創生」の一環で、若いキャリア官僚たちが小さな自治体に行って働いています。おそらく今の人たちはわたしのように馬鹿じゃないから、ちゃんとやっていると思いますが、「自分は地元の人よりも賢くて、知識も広くて、人脈もある。だから自分の持っているノウハウやら何やらを教えてやるんだ」という姿勢でいくと、大概間違えてしまう。その時の経験から、そう思います。

わたしが言う「伝道師」というイメージは、「伝道するだけの人」。偉い人やどこかで成功した人がよそに行って「ここが問題だ」「こうすればいいんだ」とか言います。でも「地域づくりとはこうあらねばならない」と言うのは、ほとんど意味がない。それと、能力がある人が、先頭を切って、「ほらこうやってやるんだよ。見てごらん」とやって見せてしまうのも、実はあまりよくないのではないかと思います。

手の届くような目標を設定してあげて、できたら褒めてあげる。次はもうちょっと先、もうちょっと先という感じでやっていくと、人が育つといいます。

みなさんにやってもらいながらも、抜け落ちている部分がある。そこを後ろから行って、そっと埋める。久住町の後で勤務した臼杵市の3年間、安城市の4年間、常滑市の5年間ではそういうやり方に変えていきました。伝道師から地域実践家へ。後ろからそっと背中を押しながら、落穂拾いをしながら、みんなが歩いた後をお掃除しながら歩いていく。そういうスタイルでないと、自分がいなくなった時にうまく回らなくなると思うのです。

失敗した仕事

久住では、失敗した仕事もたくさんあります。

「畜産と農業をつなげる循環農業」を推進したいと考えていました。畜産糞尿のたい肥・液肥化のモデルになるような農家が存在し、その技術が数軒の農家に根付きつつあったからです。でも、その農業改革は途中までで終わってしまいました。

畜産と農業をつなげる具体例を示したいと思い、農場をつくりました。地元にトマトをつくってくれる人がいなかったので、人脈を使って三重県の農場から指導者に来てもらいました。最初はうまくいきました。もぎたての有機完熟トマトを由布院の有名旅館「玉の湯」へ持ち込んで試食してもらいました。しばらくして感想を聞きに再訪すると、社長と料理長が待っていてくれました。「従業員を集めて、これまで使っていた地元のトマトとあなたのトマトの食べ比べをした。全員があなたの方がおいしいといった。夏時期の朝食のサラダで使いたい。週に2箱ずつ届けてほしい。値段はそちらで決めてもらって結構です」。この時は、本当にうれしかった。自分が作ったものが利用者に評価され喜んでもらえたという実感。官僚ではなかなか味わえないものだと思いました。

ただこれは、続きませんでした。外部の指導者から徐々に地元の人にノウハウを移していって、後を引き継ぐ若い人を育てようとしましたが、結局、うまく行きませんでした。外から人を連れてくるのではなく、地元の人材を使わなければいけなかった。いないのなら、準備だけして、「やりたい」という人が出てくるのを待たなければいけなかった。問題はこういう失敗を一度すると、そのプロジェクトは二度と立ち上げられなくなるということです。すぐに結果を出そうとしたのが大きな間違いでした。

トマト栽培に携わっていた時、ハウス内に置かれた定植前のポット苗の葉がしおれているように見えました。指導者の人に「水をやらなくていいの?」と訊くと「よく見てください。これは枯れているのではありません。枯れているのと、苗が葉から水を蒸散させせないように葉を閉じているのを見分けられなければだめです」と教えてもらいました。

こういう時にトマトは、水分保持を図りつつ、水を求めて一生懸命根をはろうとしているのだそうです。なので、根の先がどの辺まで伸びているかを思い浮かべて、その外周に丸く水をやるのがよい。水を根元にやると、根を張ろうとしなくなり、大きくなって厳しい環境に遭遇した時に、倒れてしまう。

「苗は過保護に育てると強くなれないが、いじめ過ぎるといじけてしまう」

教育の話みたいですね。トマトの栽培も、循環農業の実現も根が大事です。


農協が放棄した直販所を改修して、オルゴール館をつくりました。山梨県の清里で観光施設を経営している「観光カリスマ」の舩木上次さんに頼んで、所有している世界最大級のオルゴールを借り受けました。

当初は観光客に好評でした。

ただ、地元の人たちはあまり訪れることはありませんでした。そうしているうちに、徐々に経営が悪化し、わたしが離れた後、市町村合併を機に施設は閉鎖されました。

外から持ち込んだものは、どんなに価値のあるものでも、その地域ではやはりニセモノなのです。久住という土地やそこで生きる人々をもっとよく観察し、本質は何か、良いところはどこかをきちんと見定めて、生かすようにすればよかったと反省しています。

久住町で仕事をした末期の頃には、隣の竹田市との合併が浮上していました。わたしは、合併しない方がいいなと思っていました。竹田市も久住町と同様に過疎・高齢化が進んでいました。マイナスとマイナスを単純に足してもプラスになるわけがありません。それと、もう一つ。「役場があるので町が成り立っている」という思いがあったからです。

合併せずにそのまま残っても、行く先が厳しいのは目に見えていました。役場の人たちには「もし単独でいくとみんなが決めるんなら、わたしは自治省をやめて残ってもいいよ。そのかわり、役場は3時で閉庁にする。給料は3割カット。みんなは、家に帰って農業をやればいい。そうすれば、交付税が減っても何とか凌《しの》げると思う。それでやらないか」と言ってみました。でも、みんなは「やる」とは言いませんでした。

町長からは「後継にどうか」というお話もありましたが、お断りしました。給料3割カットのような提案は今後も受け入れられないだろうなと思ったからです。みんな竹田市役所の職員になりたかったのです。それはわたしから見て不思議な感覚だと思いました。

ちょうどその頃、臼杵の後藤國利市長から声がかかりました。合併すれば、おそらく久住の特色は「新・竹田市」の中で薄まってしまう。しかしそれを選択するのはわたしではなく久住町民だ。もう潮どきかなと思って臼杵市に行くことにしました。

トイレを磨く

元岡健二さん（現株式会社ティア社長）と初めてお会いしたのは、1997年の夏でした。黒いTシャツに黒いずぼん。角刈りで体ががっしりとしています。当時、九州を中心に、大分県内でも店舗展開を始めていた豚カツ屋のチェーン店の社長をされていました。元岡さんは歯に衣を着せない辛辣な人で、わたしは言葉のビンタを何発も見舞われて、「掃除の道」に引っ張り込まれました。

どんな人だか分かりませんでしたが、豚カツ屋さんなので、つなぎで卵は使うだろうし、キャベツ、ホウレンソウ、トマトも使うはずです。元岡さんに農産物を売りつけるべく、生産者をピックアップし、生産現場の案内プランを立て、10月の再来に備えていました。まず、循環農法の技術で酪農家がつくる堆肥と液肥を使ってホウレンソウをつくっている農家の畑を見学しました。農家の人は「この堆肥と液肥をうまく使うと、連作障害が出ない」と言いながら、たばこの吸い殻をパッと自分の畑に投げた。ああ、捨てちゃったと思ったら、もう1本吸い始めて、また捨てて、空のたばこの袋も丸めて捨てました。

その後「平飼い」（鳥籠に入れず、鶏舎で放し飼いにする）の養鶏場に行きました。元岡さんは鶏舎の地面の状態を見て、すごく感動していました。見学の途中、道端に一つ吸殻が落ちていました。養鶏農家の経営者は、それをパッと拾ってポケットに入れました。

夜、手づくり豆腐の店にいろいろな人を集めました。ホウレンソウの人は来ていませんでした。元岡さんはその席でこう言いました。

「山田さん、あのホウレンソウの農家の人が自分の畑にたばこを捨てたのを見たでしょ。彼はホウレンソウを一生懸命やっていると言っていたけど、あれは本当の意味で彼の『仕事』になっていないね」

元岡さんの言葉通り、その人はしばらくして農業をやめて、勤め人になりました。

養鶏農家の人にはこう言いました。

「あんたは吸殻を拾ったでしょう。たかが吸殻1本だけど、この1本を拾うか捨てるかは大きな違いだと自分は思っているわけです」

その後の話が辛辣でした。

「ところで山田さん。あなたは『地球にやさしいむら』を久住でやりたいと言ったよね。それを中心になってやるのは役場で、その役場の中心はあなたでしょう？　さっき役場に寄った時にトイレに行ったんだが、あまりに汚くて出るものも出なかった。その帰りがけにあなたのデスクを見た。デスクの上は書類の山。『地球にやさしいむら』を中心となって推進する役場のトイレがあんなにひどくて、リーダーのあなたの机の上があんなことで、それで本当に『地球にやさしいむら』なんてできるんですか?」

グーの音も出ませんでした。その時はまだ、机の上が汚いのは仕事をたくさんやっているからだと心の中で言い訳していた。だけど、言われちゃったなと思いました。

元岡さんは、カー用品チェーンの「イエローハット」創業者、鍵山秀三郎さんの掃除の会を知って、それに参加するようになってから自分が変わったという方で、当時九州の各地で開催される「掃除に学ぶ会」に積極的に関わっていらっしゃった。その場で、次回の会に誘われました。手帳を見たら、ちょうどその日は役場の採用面接です。ほかのメンバーもそれぞれ用事があると言ったら、元岡さんの次の一言はこうでした。

「みなさんはそうやって『できない理由』を探そうとする!」

そこまで言われて黙っていては、『男』が廃《すた》ります。「あすの朝、元岡さんの泊まっているホテルのトイレで掃除を教えてほしい」とお願いしました。

午前6時にホテルのトイレにわたしと酪農家、養鶏農家の3人が集合しました。ホテルですから、毎日掃除してあってきれいです。元岡さんはバケツにお湯を入れて持ってきます。液体クレンザーのような洗剤、サンドメッシュという紙やすりのようなものも。

男性の小便をする便器は、一番下に排水のための穴があります。おしっこはここに流れていくわけですが、穴にはキノコの形をした蓋（水こし）が入っています。トイレ掃除の世界（！）では「レンコン」と呼びます。まわりに筋が入っていて、おしっこはその筋を通っていく。

元岡さんはスーッと便器の前に行き、素手で（！）レンコンを取り上げました。

「ああ、これは汚れていますから私がやります」

三つのトイレからレンコンを外してバケツに入れました。洗剤とサンドメッシュを渡されます。

「これをちょっとずつつけて、汚れを磨いてください。大体1時間ぐらいで」

わたしは「しまったなあ。昨日変な約束しなければよかった」と思いました。でもここまでくれば仕方がない。便器をよく見ると、水が流れるところに沿って水垢が付いています。男性便器というのは、周りの縁のところがぐるっとまわったような構造をしています。その裏側も汚れています。意を決して磨き始めました。

途中、「このぐらいでいいかな」と思って隣を見ると、酪農家が便器を抱きかかえるようにやっています。「あっ俺よりもきれいになってる。もうひと頑張りしないと…」

一心不乱の1時間は、あっという間に過ぎました。最後にスポンジを使って、熱いお湯で便器をぬぐい、雑巾で拭き上げます。元岡さんの持ってきたレンコンをパカッとはめて終了。

手を洗って、みんなでコーヒーを飲みながら話しました。

「やってみると本当によかった」「すがすがしい気持ちになった」「便器に名前をつけた」みんなすごくいい顔をしていました。こんな顔は見たことがありませんでした。そしてわたしはつい、新たな提案をしてしまいます。

「元岡さん、掃除に学ぶ会を久住でもできませんか？」

元岡さんはＯＫしてくれましたが、一つ条件を出されました。「第1回は久住町役場のトイレでやること」

1カ月後、「もうあまりに汚くて出るものも出なかった」と言われた役場のトイレで、「第1回　久住町お掃除に学ぶ会」が実行されました。

数日前、参加予定者は80人（！）と知らされました。町内の人は20人程度で、あとは広島や鹿児島など町外・県外からのエントリーです。「そんなに大勢集まって掃除する場所があるのかなあ」と思いました。当日は朝5時に起きて、役場の自分の机を一生懸命整理しました。また言われちゃったら格好悪いですからね。

ワゴン車が駐車場に着いて、青いジャンパーを着た人たちがダダダッと降りて来ました。豚カツ屋さんの従業員のようです。サッカーやラグビーの選手が、試合の直前にフィールドに出て行く時のような感じでものすごく気合が入っている。ダダダッと道具を降ろして、下にコンロが付いているドラム缶でお湯を沸かし始めました。

よそから来てくれた人は各地の「掃除に学ぶ会」の方々で、食品会社や建設会社、スーパーなどの社長さんが多かったようです。掃除を学ぶのではない。掃除の実践から何かを学ぼうとする人々でした。しかも500円の会費まで払って他人のトイレを掃除する。そんな人たちがこの世にいるなんて、本当に驚きでした。

おそらく30年以上まともに掃除したことのないトイレです。特有のツンとする匂いの中で、全員が奮闘しました。

溝から拾った大事なもの

掃除の前日、元岡さんとの懇親会がありました。トマト農場の共同経営者で開業医の加藤先生を連れて行きました。席上、加藤先生は言いました。

「掃除は良いことだ。自分は病院と老人ホームを経営しているが、そこが最近汚れてよくないと思っている。従業員に掃除するように言っているんだが、なかなかやらない。明日は従業員を研修として『掃除に学ぶ会』に派遣したい。どうぞ鍛えてやってください」

それを聞いて、元岡さんは言いました。

「先生はお見えにならないんですか」

「私は診療があるから行けない。あすは月曜。午前中は一番患者さんが来る時間帯だ」

「…私は仕事を休んで来ているんですけれど」

どうなることかハラハラしましたが、元岡さんと加藤先生が同い年であることも分かり、先生も

「まあそこまで言われちゃあ」

と参加を決めました。

ただ、患者さんのことがあります。トイレの中に入ってしまうと抜けられないので、外の側溝を掃除する班に入ってもらいました。きちんと網を外して、中を全部さらう。網も洗って設置しなおすという徹底したものでした。

加藤先生は、その年、自治会長をしていました。正月の消防団との飲み会の席で若い連

中が話題にしたそうです。

「先生、年末に大勢の人を雇って、役場ん前の側溝あげて何か探しちょったね。何か大事なもの落としたん？　ダイヤの指輪でも落としたんやねぇ？」

「そうじゃないよ。俺は掃除してたんよ」

その話を聞いた加藤先生の奥さんは、こう言ったそうです。

「ダイヤの指輪は見つからなかったけれど、側溝あげて大事なものを拾ったよね」

先生は掃除の会が終わってから、食事が終わると家族全員のお茶碗とお皿を台所に持って行って、洗ってきちんと拭きあげるのを日課にするようになった。結婚して30年、やったことがなかったそうです。

従業員も自主的に病院や施設のトイレを掃除するようになった。

「いやぁ山田さん、『掃除に学ぶ会』の威力はすごいね」

「それは先生、そうじゃありません。普段はトップにいて命令だけしている先生が、他人の指揮下に入って黙々と側溝をあげていた。その後ろ姿を見て、従業員の人たちの気持ちが動いたんじゃないですか？」

役場のトイレ掃除には大きな批判もありました。

「よその人に役場の汚いトイレを見せるのは恥だ」「あれは勤務時間なのか、仕事なのか、何なのか」「掃除なんか他の人にさせておけばよい。職員は他にやることがあるだろう」。

わたしは、役場のトイレがきれいになる、役場がきれいになる、町中がきれいになって、「地球にやさしいむらづくり」をやっていますと言うと、久住のブランドイメージが上がる。野菜だって高く売れるようになりますよ―みたいなストーリーを描いていたわけです。

そういうことをわたしが言うと反発も多いだろうから、元岡さんに語ってもらおうと思い、新年の賀詞交換会後に恒例となっている新春講演会の講師をお願いしました。わたしは、「山田がよくやっているので、山田に協力してやってくれ」と言ってくれるとばっかり思っていました。ところが元岡さんは、みんなの前で言いました。

「私の仕事は山田という人間を変えることだ。それができれば私の仕事は終わりなんだ」

わたしは「自分は良いことをやっているのに、なぜ変わらなきゃいけないのか」と内心は不満でした。でも、元岡さんはわたしに対する批判を和らげるためにキツイことを言ってくれたのかなと思っていました。

「毎月1回ずつ、最低10回はやるように」との元岡さんの指示に従い、その後、掃除の会が続くことになりました。

鍵山秀三郎さんとの出逢い

掃除を始めて半年くらいが経ちました。元岡さんに勧められ、思い切って鍵山秀三郎さんにお手紙を書きました。ここまで書いてきたようなことを書き、わたしが掃除について話した講演録を同封しました。そこには元岡さんに「私の仕事は山田という人間を変えることだ」と言われたことも書かれていました。

すると、鍵山さんからこんなお返事をいただきました。

「…ご講演録を拝読いたしました。…何よりも一番好かったのは、山田様ご自身のご心情の移り変わっていく様子が、実によく伝わって参りました。…私が今日までお会いした方々で、『自我の強い人』は自らの心情を素直に語ることができない人ばかりでございました。この講演録を拝読いたしまして、私も久住町の掃除に学ぶ会に参加したくなりました。それ程に、このお話には説得力がございました。来月初頭、元岡様をお訪ねいたしますので、その折には山田様のお話で盛り上がると存じます…」

その後しばらくして、鍵山さんが元岡さんと一緒に久住にお見えになりました。わたしには、そのころ少し悩んでいることがありました。

トイレ掃除をしていると、道端のごみが目につくようになります。わたしは毎朝自宅から役場までの道路の掃除を始めました。それがまた評判が悪いのです。道路沿いの店の駐車場に散乱しているごみを拾っていると、陰で
「山田が余計なことをしている」

と言われているようです。いいことをしているはずなのに何でこんなに評判が悪いのだろうと、ずっと悩んでいました。

鍵山さんの著書を読むと、「自分は会社のトイレや周囲の道路の掃除を30年、40年と1人でコツコツやってきた。最初の10年間は社員の人にも見向きもされなかったけれど、だんだん1人やり2人やり、それとともに会社がどんどん良くなった」と書かれています。

わたしは、思い切って鍵山さんに悩みを打ち明けました。

「それはよくあることです」

「どうしたらいいですか」

「山田さんがやっているのをみんな見ているでしょう」

「見ています」

「誰も見ていないような朝早く起きてごみを拾うのです。みんなが起きた頃にはもう終

わっているようにするのです」

「わたしがごみを拾っているのを見て、みんなあれはいいこっちゃ、まねせにゃいかんと思って、一緒にやってくれないと意味がないじゃないですか」

そうしたら鍵山さんは、こうおっしゃいました。

「そういう思いでごみを拾っているあなたの背中には、『どうしておまえは拾わないのか』と書いてあります。そんな看板を背負ってごみを拾っている人を見て、じゃあ、私もやろうと誰が思いますか?」

町役場の予算のことで職員を詰問した時だけでなく、ここでも何か「伝道師」みたいなつもりでいたわけです。でも、それではダメなんだとその時に気づきました。

一つの便器に2時間ぐらいかけて磨いていると、どんなに汚れた便器でもきれいになってきます。ある時、「自分は今まで少しでも世の中がよくなればいいなと思って、ずっと仕事をしてきたつもりだけど、これくらいはっきり分かる形で具体的に結果が残せたことがあっただろうか。この一つの便器をきれいにすることの方がずっと世の中の役に立っているじゃないか…。」と、何とも言えない気持ちになったことがあります。鍵山さんとトイレ掃除に出逢って、床に膝をついて、片方の手で便器をしっかり掴んで、素手で便器を磨くことの重要性が分かるようになりました。

鍵山さんに「見えないところで、見てもらえなくてもやりたい、やらねばならないと思ってやったことが、何かの偶然で知られるようになった時、そのことは本当に大きな力を持つ」と教えていただくまでは、そんな考え方は全くなかった。ゴミ拾いはうわべだけの「演技」だった。たとえ行動があっても、その背後にきちんとした考え方や気持ちがなかった。それなのに、口だけで格好いいことばかり言っていたのではないかと思うに至りました。

自分できちんと身を処していない人間が、他人に指示や命令をするというのが、いかに愚かなことだったのか。鍵山さんや元岡さんに教えてもらった気がします。

良い支店長の条件

久住を離れるにあたり、鍵山さんをお招きし、6年の間に手がけた仕事の現場をご案内しました。ホテルに一泊された翌朝、テラスでコーヒーを飲みながら、鍵山さんはわたしに、次のように尋ねられました。

「山田さん。あなたの仕事は、銀行の支店長に似ていますね。支店長は数年で異動していきます。ところで、あなたは、どんな支店長がよい支店長だと思いますか?」

わたしは、次のように答えました。

「在任中に支店の業績を上げる人が、良い支店長ではないでしょうか」

すると、鍵山さんはニッコリ笑って、こうおっしゃいました。

「普通はそう考えます。でも、私は違うと思うのです。その人がいなくなってからその支店が良くなる。そういう人が、本当の良い支店長なのですよ。能力があれば、短期的に業績を伸ばすのは簡単です。でも、無理やり咲かせた花はすぐに枯れてしまう。大事なのは花を咲かせることではない。根を育てることです。根や葉が先で、花や実は後でよいのです」

若くて考えが浅く、エネルギーが有り余っている頃は、自分が出向先の自治体からいなくなった後のことまで考えていませんでした。でも、そのような仕事のし方が、その地域にとってプラスにならないどころか、むしろマイナス効果が大きいことは、わたし自身の経験から明らかです。外から何かを持ち込んだり、自分がぐいぐい引っ張ったりするのではなく、地元の資源や人の技を磨き、地元の人が主役になるような仕事の進め方をしなければ、手がけたことは残りません。

鍵山さんにそう教えられてから、私は少しずつやり方を変えるようになりました。そうすると、慎重になり、短期的な成果は減りましたが、失敗は少なくなりました。常滑市民病院の再生プロジェクトでは、特に、私がいなくなった後のことを終始考えていました。竣工式の後、退任したのも「支店長」の話をうかがっていたからです。

大きな仕事、小さな仕事

こんな話もうかがいました。鍵山さんが掃除の会の方々と一緒に、中国にトイレ掃除に行かれた。ある大学のトイレ掃除をして、その後一緒にやった学生たちと懇談の場を持った。その場で、ある女学生がこんなことを言った。「私はトイレ掃除をやりに大学に入ったんじゃない。もっと大きなことをやりたいと思って、そのために大学で学んでいるんだ」。

鍵山さんはこう応じられたそうです。

「私はここのトイレだけをきれいにしようと思って掃除をしているんじゃないんです。このトイレをきれいにすることで世界中が美しくなったらいいなと思って、今ここのトイレを磨いているんです。このことは大きいことですか、小さいことですか？」

小さな事柄の中にも大きな本質が含まれている。日本の政治を一変させた衆議院の小選挙区比例代表制の法律をつくる仕事と山間の集落の小さな公民館をつくる仕事。前者が「大きな仕事」で、後者は「小さな仕事」というわけではない。

平松守彦さん（元大分県知事）のモットーは、「グローバルに考え、ローカルに行動する」でした。日本天台宗の開祖、最澄ゆかりの京都の三千院の廊下には、「一隅を照らす、これ即ち国宝なり」と書かれていました。鍵山さんのおっしゃるのと同じ境地のような気がします。

霞が関メインストリートのごみ

トイレ掃除は、久住町では「役場職員プラス一般市民」でやりました。臼杵市では、自ら率先してトイレ掃除をされていた後藤市長から「職員研修」として依頼されて取り組みました。安城市では、市役所職員の有志と毎週1回朝集まって、「おはよう会」と称して市役所周辺のごみ拾いをやっていました。常滑では前にも書いたように、一人でトイレ掃除をしたほか、病院のスタッフともやりました。

鍵山さんは、ある時期、広島県警の警視に頼まれて暴走族と一緒にトイレ掃除をされていました。その時の広島県警本部長は竹花豊さんという方で、その後東京都の副知事をされました。竹花さんはわたしが大分県の財政課長をしていた時に大分県警本部長をされていました。とても良い方でした。その後お目にかかった時に「竹花副知事ご自身も歌舞伎町の掃除をされているのですね」と話しかけると「鍵山さんがされるのに、俺がやらない訳にはいかないだろう」とおっしゃっていました。

鍵山さんたちは、竹花さんが東京に戻られた時、歓迎の意味を込めて、警視庁前の桜田通りの清掃をされたそうです。その時参加した掃除の会の事務局の方が「国家の中枢を預かる霞が関のメインストリートがあんなにゴミだらけとは恥ずかしい」と言っていました。

わたしは、何人かの自治省の後輩をトイレ掃除に誘いましたが、2回やろうとする人はいませんでした。そういう意味では、官僚はトイレ掃除に向いていないのかもしれないし、私は官僚に向いていないのかもしれません。

でも、官僚が桜田通りの掃除を本気でやるようになれば、国民の官僚バッシングはなくなるとわたしは思っています。

終章

流しの公務員「仕事の流儀」

仕事とは何か？――再論

序章で某県の研修所が作った「問題解決能力研修」のテキストのことに触れましたが、覚えていらっしゃいますか。

「仕事とは問題を解決することである。問題とは、あるべき姿と現状のギャップである」

わたしは「仕事とは『心の底から』問題を解決したいと思って行う『具体的な』行動である」と定義しています。

「あれは問題だ」「これも問題だ」とあちこちで言う人がいます。問題を指摘するのが上手な人です。そういう評論家のような人がどの職場にもいます。でも、問題を指摘しても仕事をしたことにならない。解決するために具体的に行動を起こさなければ、「仕事」とは言えない、とわたしは思うのです。

例えば、わたしが勤務する前、常滑市の財政状況が悪いこと、その原因、何をしなければならないか、などが分かっていた人はいたはずです。だけど動かなかった。解決しようと心の底から思っていなかったのです。

なぜやらないのか。それは、やると大変なことになるからです。こういうタイプの人は「会社や役所に来て、そこで時間を費やすこと」が仕事だと思っている。でも、わたしの定義によれば、これは「仕事」ではありません。

確かに、最初の頃のわたしは、あまりの問題の大きさに「心の底から問題を解決したい」と思っていたとはいえませんでした。できれば逃げたかった。しかし、片岡市長の想いの深さ、市民や職員の熱意、わたしに向けられた冷たい視線、手を差し伸べてくれる人々や想いを共有できる人々の出現に背中を押され、退路を絶って、「やれてもやれなくても自分の責任でやってみよう」と思った。そこから本当の「仕事」が始まったのだと思います。

問題をどう立てるか

前述の「問題解決能力研修」のテキストには「問題には、見える問題、探す問題、つくる問題の3種類がある」と書いてありました。

みんなが「問題だ、問題だ！」と言っているのが「見える問題」です。「みんながそれほど言わないけど、よくよく考えてみたら、それは問題だぞ」というのが「探す問題」。「つくる問題」というのは、「今、みんなはとりあえず満足しているけれども、こうなったら、もっといいはずだ」というものです。

このテキストは、今から20年以上前に、「公務員にも政策形成能力が必要だ」ということを伝える目的で作られていました。当時の大半の公務員は、見える問題には対処するけれど、探したり、つくったりはしなかった。そんなことをすると、仕事が増えちゃうからです。でも、筆者は「探したり、つくったりする問題もある。そう考えないと仕事のレベルは上がりませんよ」と言いたかったのだと思います。

常滑市民病院の竣工式をやりました。「挨拶とテープカットと祝辞、という型通りの竣工式をやって滞りなく済ませる」という問題の立て方もあります。しかし、わたしは「竣工式って何のためにやるんだ?」と考えました。今回の竣工式の真の目的は、招待客に「常滑市民病院がこういう病院でありたい。自分たちはこんなに団結力があり、やる気があるんだ。だから、皆さん応援して下さい」という想いを伝えることではないか。そういうふうに問題を立てると、やり方はまるで違ってくるし、結果も違ってくる。

壁画のプロジェクトも、設計会社は「エントランスホールの空間をどのように美しく見せるか」という問題の立て方をした。わたしは「病院の目指すべき姿が美しい中に立ち現われてくるような空間にするにはどうしたらよいか」というふうに問題を立てました。

竣工式や壁面タイルについての「問題の立て方」は、わたしが「問題をつくっている」

と言えるかもしれません。

わたしに巻き込まれた職員や委託業者さんたちは、「山田さんと仕事をすると、奇想天外だし、要求レベルは高いし、本当に大変だったけど、終わってみると楽しかった。今度はどこで何をやるんですか。また一緒に仕事がしたい」と言ってくれます。

「楽《らく》」なことと「楽しい」ことは違うのです。正しく問題が立てられれば、解決するのは大変ですが、仕事は確実に面白くなり、より大きな達成感が得られます。

「何のために」を3回繰り返す

臼杵市時代に後藤市長から紹介されて読んだ『突破の科学』（日比野省三著）という本に「まず問題の目的を問い、その目的の目的を問う」と書かれています。

常滑市の事業仕分けの時、文化会館の廃止の問題が出ました。常滑市の文化会館は1000人収容のホールで、年間8000万円の維持費がかかります。「なぜ文化会館が必要か？」と問うと、「大人数の市民が集まる会に必要です」「ハイレベルの興業を呼ぶために必要です」という二つの理由だといいます。「一度に1000人の市民がホールを埋めるイベントが年間何回ありますか？」と問うと、ほとんどない。「200人ぐらいが普通だ」といいます。それなら中部国際空港にその規模のホールがある。「ハイレベルの興業」も年に1、2回だという。

ハイレベルの興業なら名古屋市内でたくさんやっている。電車なら30分。車でも1時間はかからない。「例えば、興業を年間40件選んで、それぞれ市民用に50座席ずつ確保する（計2000席）。足が悪い人にはバスを出しましょう。仮に平均チケット代の1万円の半額を補助しても、そのコストと8000万円のどちらが高いか？」。

この問題では、「文化会館があること」ではなく、「市民がハイレベルの興業を見ることができること」が目的です。だとすれば手段は「文化会館維持」だけではありません。

「間違った問題の立て方」が原因で物事がうまくいかないことは多い。「究極の目的は何か」を考え、「文化会館ありき」という設定を変えることで問題が解決できる可能性がある。その手段としてわたしは「何のために」を3回繰り返すようにしています。それで「設定が変えられないか」考えるわけです。

本質から逃げない

問題解決で大事なのは、「本質＝真の原因」に迫ることです。

一見、原因のように見えるものの背後に、もっと本質的な原因がある場合がある。そこまでたどりついて、それに立ち向かわないと、問題はいつまでたっても解決しない。

常滑を離れた後、ある市長さんがわたしを訪ねて来ました。その市の市立病院も、かつての常滑市民病院のような大きな赤字を抱え、一般会計は毎年10億円を超える繰出し金を出しています。その相談です。

「市長さんは何が問題だと思われますか?」と問うと「赤字だ」とおっしゃる。「赤字をどうにかしたい。収入を上げるために、いろいろやっているがなかなかうまくいかない」

一般的には「赤字を少しでも減らすために、収入をどう上げるか」という問題設定はあると思います。でも、わたしは、このケースでは、それは本質的ではないと思いました。

「市立病院は本当に必要ですか?」と訊くと、市長さんは「えっ」という顔をされました。そして、こうおっしゃいました。

「もし病院を潰すということになれば、これはもう本当に市長選の争点だ」

人口は約6万人。予算規模は200億円強。常滑市とほぼ同じです。年間に10億を超える繰出金が選挙の争点にならない方がおかしい。10億あれば、ほかにいろいろな住民サービスができます。

収入が上がらないのは、患者が少ないからです。患者は病院を選べます。「市立病院は本当に必要とされているか?」。これが本質で、出発点じゃないでしょうか。「市が関与して医療を提供する必要があるのか。あるとすれば、どのような医療が不足し、何を提供したらいいのか。どういう病院になったら市民から喜ばれるのか」というふうに問題を立てないといけません。

そんな趣旨のことを申し上げると、市長さんは「うーん」と言って帰って行かれました。本質から目をそらしたり、本質に気づかなかったりすると、問題は解決しません。本質から目をそらしてやるのは「仕事」ではなくて「妥協」あるいは「逃避」です。

「地図」をつくる

ゴールへの道のりを考えるためには、まず情報を集め、問題の構造を理解し、ロードマップをつくらねばなりません。

たいてい賢い人たちは、効率的にやろうと思い、情報として数字のデータを集めてそれを分析します。しかし、現場を見ないと集めた数字の「意味」は分かりません。

例えば、病院の「人件費比率が高い」という監査意見があったとします。その原因として、給料が高いこともあれば、人が多いこともある。給料や人数は人件費比率を計算する時の「分子」ですが、もしかしたら「分母」となる売上げが少ないのかもしれません。そして、どうしてそうなっているのかは、外から見ただけではわからない。現場に入り込んで、自分の体で感じることが必要です。

大野耐一著『トヨタ生産方式』に「なぜを5回繰り返せ」というのが出てきます。これは、問題の構造を見極めていく作業です。

「赤字なのは病院に医者が少ないからだ。それはなぜか?」「大学医局が医師を送ってくれないからだ。それはなぜか?」「病院の施設が古くて人気がないからだ」「若い医師を送っても指導教官がいないからだ」「給料が安いからだ」…。

「なぜか?」「なぜか?」と繰り返していくと、問題構造の「地図」ができる。一つの問題には原因が複数あって、さらにその原因の原因も複数ある。問題構造は、原因が樹形図のような形の場合もあるし、相互に複雑に関連し合っているような場合もある。その構造を理解して、どこを押すとどうなるかを見極めて手を打っていく。原因は探っていくほど分解されてシンプルになる。その一つずつに手を打っていけばいい。

現状の地図が出来上がったら、次はゴールへ至る道のりを考えねばなりません。「何を、誰が、いくらで、いつまで、どのように」というロードマップをつくる必要があります。ロードマップには、問題構造を正しく理解した上で、原因を除去する適切な手段が用意されていなければなりません。原因から目を背けていたり、実現不可能な事が書いてあったりする「美しい」ロードマップは、役に立ちません。

新病院を建設するには累積債務をゼロにしなければいけない。当面お金の出どころは市の一般会計しかない。一般会計から出すには、市職員の給与カットが必要です。だから「給与カットをしますか」「病院建設を断念しますか」という選択になります。

「給与カットもできない」「病院もあきらめたくない」というなら、問題解決は無理です。でも、役人は「給与はそのままで病院は建てる」というロードマップを作ってしまいがちです。医師が増える見込みがないのに、患者数や単価が上がる想定にする。これでは絶対にうまくいきません。

「やりたくなくてもやらねばならないこと」ができなければ、ゴールへはたどり着けません。

物語と感動

プロジェクトが大きくなればなるほど、多くの人が関わります。関係者をすべて管理するのは不可能です。この場合、最も重要なのは、関係者が目的・目標を共有し、役割を理解し、自分で動き始めることです。人は、自分でやろうと思った時、命令されてやる時の10倍の力を発揮するといいます。

プロジェクト企画者は「いい物語」をイメージできなければなりません。わたしは病院再生を、映画「荒野の七人」でやろうと思いました。黒澤明の「七人の侍」の西部劇版のリメイクです。

逆転の物語です。「盗賊の略奪で荒れ果てた村。子供たちは飢え、村を離れる者も増える。戦うことを決意した農民は、外から助っ人を雇う。リーダーのガンマンは腕の立つ仲間を集める。彼らに巻き込まれて村人たちも動き始める…」。

プロジェクトが進むにつれて、わたしは心に描いていた物語を小出しにしていきます。「成功して新病院ができたら、わたしは小説を書きます。映画化しましょう。今から自分を演じる役者を決めておいた方がいいですよ。（看護部長の）久米さんは黒木瞳、副部長は高島礼子でどうですか？」と言うと、自分が物語の主人公だと思う。そして、その人たちがアドリブで何かやり出したら、もうしめたものです。看護師たちに「山田さんの役は誰がやるの？」と尋ねられたので「もちろん福山雅治です」と答えたら、全員に却下されてしまいました。（笑）

人の心を動かすのは「戦略の正しさ」ではない。「ゴール」のイメージとそこに至る「物語」です。そして、現実に物語が動き始め、自分が演じる役が腑に落ちた時、人は自発的に動き始めます。

久住の公民館と常滑市民病院の建設では、設計や建設の専門家の方々と仕事をしました。病院の医師、看護師、技師も、ある意味で職人さんです。職人は皆、自分のスキルに誇りを持っている。彼らを巻き込み、動かすには、敬意を払うのが大事だと思います。

施主だからと言って威張らない。設計会社や施工業者の誇りに敬意を払い、名物の草餅を100個抱えて現場に足を運び、彼らがやっているところをちゃんと見て、きちんと評価し、たまに少し刺激する。そうすると、ものすごくいい仕事をしてくれる。わたしは、そのお礼として陶板の「棟札」を残しました。

新病院のことは、設計会社、建設会社、家具会社などが、雑誌や情報誌で大きく紹介してくれています。おかげで視察が絶えません。彼らは、常滑市民病院を自分たちのフラッグホスピタルだと位置付け、工事が終わっても「巻き込まれて」くれているのです。

感情が動かないと、人は巻き込まれませんし動きません。事業仕分けで常滑市の職員は変わった。T部長の朝礼での話は、病院職員の涙を誘い、やる気を高めた。竣工式の合唱は、招待者の心を動かした。「ああ、きょう俺はここでやるのか！」とグランシアタの舞台で叫んだ少年は、精一杯獅子舞を演じたと思います。

ファシリテーター10カ条

『自分の仕事をつくる』(西村佳哲著)に「ファシリテーター10カ条」というのが出ています。参加者が自主的に運営する協議の場として「ワークショップ」を開き、わたしが、それが円滑に進むよう中立の立場から「ファシリテーター」を務める手法は、病院再生などいろいろな場面で使いました。10カ条にわたしの経験を重ねて、解説してみます。

1、主体的にその場に存在している

2、柔軟性と決断する勇気がある

ファシリテーターは単なる司会やタイムキーパーではありません。参加者とともに自分のこととしてその会議に関わっています。自分の意思は持っていますが、それに合わない人にも柔軟に対応しなければなりません。決めなければならない時は、自ら決断しなければならない。例えば、毎回のテーマを決めたり、時間がない時に議論を打ち切ったり、参加者間で進行方法について意見が合わない時に決断したり、場の空気を読んでテーマを変更したりします。

3、他者の枠組みで把握する努力ができる

ワークショップでは、なるべく多様な意見が出され、参加者に「なるほどそういう考え方もあるのか」と思ってもらう場をつくることが大事です。そのためにファシリテーターは「すべての意見には傾聴に値する部分がある」という姿勢を貫くことが必要です。ファシリテーターの振る舞いは、それを見ている参加者に伝染するからです。

相手の言っていることを理解するためには、その人の考え方の枠組みをつかまないといけません。だから、その人の立場になる。例えば夜中に急病になった患者、不満を持つ家族、激務で寝ていない医師、それぞれの立場になるために、「想像力」を働かせねばなりません。

4、表現力の豊かさ、参加者への反応の明確さがある

市民の病院批判に怒っている副院長を100人会議に引き出してしゃべらせる。これは他者を使った表現力ですね。100人会議に出ていた市民の人は「毎回飽きなかった」と

言っています。「きょうはこんなことをやるの！」みたいな仕掛けも表現力です。また、参加者の発言内容について評価はすべきではありませんが、勇気を出して発言してくれたことは、きちんと評価すべきだと思います。

5、評価的な言動はつつしむべきとわきまえている

ファシリテーターはリードしてはいけません。その誘惑はありますが、殺します。リードしようとするのは「意図」があるということです。そうすると、都合が悪いことを隠すようになります。それが「馬脚をあらわす」と、みんな一遍に引いてしまいます。

100人会議の時、わたしは「リードせず、隠さず」を通しました。会議をずっと傍聴していた市役所の広報担当の職員がいました。彼は、会議終了後、会議資料を全部読み返してみたそうです。そして、最初は病院新築に反対していた参加者が、だんだん考えを変え、新病院の熱烈な支持者になっていく過程に改めて驚いたそうです。「どう考えても、何かの宗教みたいだ。副市長、何であんなに変えられたんですか」と言う。わたしは「わたしは何も変えていないよ。むしろ参加者を導かなかっただけだよ」と答えました。

早く勝負をつけたいという思いもある。自分なりの意見もあるから、その方向に誘導し

たいという思いが湧かなくもない。だけど、それをしないで待つ。久住町のバイパスルート決定の時のように、みんなが「もうそろそろ結論を出そうよ」というふうになれば、もうしめたものです。

6、プロセスへの介入を理解し、必要に応じて実行できる

議論が脇道にそれないように軌道修正する。あまり議論が弾んでいないなと思ったら、みんなの意見がわっと出てくるような一言を投げる。常滑市民病院の「100人会議」の時も、わたしは「潰した方がいいんじゃないですか」と言ったりしましたが、これは誘導でなく、議論を深めるきっかけづくりです。でも、介入してよいのは「プロセス」であって、「結論」ではありません。

7、相互理解のための自己開示を率先できる、開放性がある

8、親密性、楽天性がある

みんなに気持ちよく、自発的に積極的に発言してもらうには、ファシリテーターがリラ

ックスした様子で、「僕はこういう人です」というあたりを素直に見せて、みんなに心を開くことが大事です。失敗した経験なんかも積極的に言う。「ああ、いい人だな。この人にならば話せそうだ」ファシリテーターがそんな存在であることが、参加者を安心させ、会議への参加を促すことにつながります。

9、自己の間違いや知らないことを認めることに素直である

まずいパターンは、専門用語がたくさん出てきたりして、参加者が「自分はちょっと分からないけれど、みんな分かっているんだろうな」と思うことです。疑問点について、何となく訊けないまま、会議はずんずん進んでしまう。どんどん流れから取り残されていく。でも、実は他の人も分かっていないかもしれないのです。そういう時は、ファシリテーターが「それ、どういうことですか?」と訊いたりします。それを見ている参加者は、「ああ、ファシリテーターも同じなんだ。わからないことは素直に訊いていいんだ」と思うようになります。

10、参加者を信頼し、尊重する

これはなかなか難しいことです。特に集まった人がどんな人か分からない場合には…。でも、「説明がちゃんと理解できないのではないか」「エゴを押し通す人ではないか」と疑っていては、始まりません。情報を公開し、きちんとした議論をすれば、意見は必ず正しい方向へ集約されると信じること。ファシリテーターのその思いは、参加者にも伝わります。資料が見にくいと言われれば、見やすくして配りなおす。回数が足りないと言われれば増やす。ファシリテーターの誠実な対応に、参加者は必ず応えてくれます。

わたしは、設計ワークショップ終了後のふりかえりシートに書かれたある女性の感想が印象に残っています。100人会議終了後もずっと「新病院建設反対」の人でした。「院長、副院長はじめスタッフの熱心さに敬服。今までの良くないイメージが払拭された」。

明確な世界観

作家の村上春樹が指揮者の小澤征爾に行った長期インタビューをまとめた『小澤征爾さんと、音楽について話をする』という本があります。その中に印象的な場面があるので、概略を紹介します。

村上春樹がこう尋ねます。

「若い頃のあなたのレコードを聞くと、既にひとつの音楽的世界が出来上がって、それが生き生きと動いている。聴いていてわくわくする。一人の無名の青年になぜそんなすごいことができたんでしょう？」

マエストロ小澤は「それは、斎藤秀雄先生に指揮の技術をみっちりと叩き込まれたからです」と答える。

しかし、村上は再度問い掛けます。

「でも、そのためにはまず、自分が何をどういう風にやりたいのかということをはっきり心に定める必要がありますよね。小説でいえば、文体ももちろん大事だけど、それ以前に、『どうしてもこれが書きたい』ということが強く心の中になくてはならない。…日本の音楽家には、と十把一絡げにするといけないんだろうけれど、高い技術はあっても、技法として破綻のない、平均点の高い音楽を演奏できても、明確な世界観がこっちに伝わってこないというケースが少なくないような気がします」

すると、小澤が、

「そういうのって、音楽にとっては一番まずいことですよね。そういうのをやり始めると音楽そのものの意味が失われてしまいます」

と言います。

わたしは「すごく面白いな」と思い、すぐに官僚の仕事をイメージしました。官僚のスキルは高い。作業の精度や効率はべらぼうに高い。でも明確な世界観がない場合が多い。受験勉強で鍛えた「問題を解く能力」は抜群。しかし、「問題を立てる」ことには慣れていない。

確かに、それは官僚の仕事ではなく、政治家の仕事かもしれません。でも、わたしは、作業の効率は高くなくても、わたしなりの世界観を持った仕事がしたかったのです。

伝える技術

小澤は、指揮者に最も必要な能力として「オーケストラを仕込む技術」(自分のやりたい音楽をオケのメンバーにしっかり伝える技術)を挙げています。

会社や役所で、スタッフから思いもしないような資料が出てくるのは、上司の指示の出し方が悪いからです。「とにかく何かつくってこい」ではなくて、資料についてのイメージをきちんと持ち、その資料が一体どういう目的で使われるのかを伝え、具体的な指示を出さないとダメです。

病院再生では、医療スタッフや設計・建設などの専門職と一緒に仕事をしました。わたしは医師免許を持っていないので医療に不満があってもやってみせることができません。設計や建設の技術もありません。そこで、特に「言葉」には気を使いました。

病院事務局長の「私たち一般職員は『植物』、医療職員は『動物』だ」という言葉。二村先生の「院長を『男』にしてやってくれ」という言葉。わたしは、病院建設の施主として、設計会社、建築会社との3者協議の冒頭で「三方一両損」という言葉を使いました。

官僚は理論で伝えようとします。もちろん理屈は通っていなければいけませんが、最後はやはり感情です。気持ちに訴える。そして、「心の底から」そう思っていないと、言葉に力がありません。

場を整える

リーダーの一番の仕事は「こうやれ、ああやれ」と命令することではなく、「場を整える」ことだとわたしは思います。

常滑市役所退任の時、辛口のあいさつの中で「最も心配なのは、ハツラツとした新採職員が、就職後3年も経つと、みな覇気を失ってしまうように見えることである。彼らは、周りの諸先輩の仕事ぶりを見て、『あの程度でよいのか』と考えるようになり、初心を忘れていくのではないか」と話しました。

「人は見ているものに似る」といいます。人の行動は「場」に左右されてしまう。まわりにいい人がいて、そういう人を見ていればどんどん良くなるし、その反対もあります。整理整頓され、掃除が行き届き、時間やルールは守るが自主性が重んじられ、職員はいきいきと働いている。そういう「場」をつくるのがリーダーの仕事です。

みんなが「行き詰まっているな」と思ったら「ちょっと一服しましょう」と言って、コーヒーを用意する。朝早く来て部屋に掃除機をかける。会議の準備で一緒にホッチキス止めをやる。これらはみな「場」を整える作業です。

現場主義

久住町勤務時代、「平成の大合併」の真っただ中に、わたしは総務省へ行き、合併を担当していた後輩に意見を言いました。

「これじゃあ、小さくても懸命に頑張っている自治体が、合併で消されちゃうよ」

後輩はその通りだとは言いません。

「山田先輩みたいな人が全国各地の小さな市町村にいればいいかもしれないけど、そうじゃないところがほとんどですよ。日本全体を見たら、自治体の規模を大きくして効率化することが必要なんです。山田さんが100人いるわけじゃない…」

その時は黙っていましたが、彼に反論するとすれば、

「日本がどうあるべきかを考えて、それを実現させるべく国が変わるべきではないか。有能な官僚は、みんなもっと地方へ出て、現場で働くべきじゃないか。そうでないと、霞が関で本当に良い政策は作れない」ということでしょうか。

官僚が語る「地方創生」の話を聞いていると、言葉だけが上滑りしている感じがあります。それは「現場」がないからだと思うのです。バックに自分の実体験があるのとないのでは、言葉の力が全然違います。イメージで「こうあるべきだ」という政策を組み立てても、現場では理屈どおりにはいかない。

地方創生は大事です。でも、国が本気で「地方創生」をやりたいのなら、言い始めた人たちが地方に腰を据えて、具体的にやってみせるべきじゃないかと思います。自分たちは東京にいて旗だけ振って、「みんなやれやれ」と言っている。その上で、「俺たちはこれだけ道具を準備してやったのに、うまく使えないあんたたちが悪い」となったらまずい。

きちんとしたトップを養成するためには、若い頃地面を這いつくばらせることです。はじめからエリート養成するのはよくない。総務省の旧自治省系は、最初の3カ月は霞が関にいて、その後2年間ぐらいは地方に出します。しかし他の省庁は一般的には、入ったら

ずっと霞が関でデスクワークです。自治体に行くとしても課長級ぐらいから。それも、ほとんどが「中二階」のような県庁です。いきなり課長で行けば、ちやほやされる。地面を這いつくばるのとは程遠いです。

わたしの伯母の夫は、横浜で仕立て屋をやっていましたが、1939年、満州国とモンゴルの国境付近で起きた日ソ両軍の大規模な軍事衝突事件「ノモンハン事件」から生還した数少ない兵士の一人でした。

学生時代に、その伯父に「そこで何が起こっていたのか教えてほしい」と尋ねたのですが、「言いたくない」と断られました。ただ、「自分が生きて帰ってこられたのは、小隊長が本部の命令を聞かなかったからだ」と言っていました。本部は遠いところにあって、現場のことが分からない。なので、誤った命令が来る。とても現場には合わない。「自分の小隊長はそれを無視した。その結果、自分の小隊はかなりの人が生きて帰れた。だけど、本部の命令だからといって、そのとおりやって、そのまま死んじゃった人はいっぱいいる」と言っていました。

現場を知らない本部の誤った指示。巨大組織はこういうことをやりがちです。

人格を磨く

正しいことを言って、きっちりとやる。おそらくリーダーはそれだけではダメです。日本は特に、人格が問われる社会だと思います。

山本七平は著書『人望の研究』の中で、「日本社会では学歴、能力を超えた絶対的評価基準として『人望』がある。指揮官は部下の評価に耐える『徳』と『能力』があってはじめて人望ある指揮官になれる」と述べています。私流に表現すれば「人望＝人格×スキル」ということになります。そして、わたしがこれまで紹介してきたのは、スキルの話でした。

鍵山秀三郎さんは「何を言ったかではなく、誰が言ったかです」とおっしゃっています。わたしは、できればそういう人になりたいと思っています。

「この人となら一緒にやれる」とか、「この人にならついて行こう」と思ってもらうには、正しいとか能力があるというだけでは足りない。例えば、「自分のためにはならないけれど、他人のためになるようなことをどれぐらいできるか」とか、「言っていることとやっていることが一致しているか」とか、そういうことだと思うのです。

自分を捨てる

自分の思いが強すぎるとよくないということもあります。「問題を立てる」時にあまり自分のやりたい気持ちが入り過ぎると、物事を客観的に見られなくなってしまうのです。NHKEテレの番組で、売れっ子デザイナーの佐藤可士和さんがこんな話をしていました。

「昔は、仕事が来ると、自分のやりたいことをそれにかぶせて実現しちゃおうというやり方をしていた。格好いいものをつくろうとした。だけど、カッコつけ過ぎると、かえってカッコ悪い。自分のやりたいことをとりあえず捨てて、対象を客観的に見る。とにかく話を聴き、そもそも何かを考える。そうすると、問題が自然と立ち上がってくる。アイデアは外から付け加えるものではない。答えはそこにあるのだ」

国がやっている地方創生は、観念的なアイデアの枠組みを押し付けている感じがします。霞が関がそう思っていなくても、現場はそう受け取ってしまう。もっと多くの官僚が、現場に入り込んで地域をよく観察し、いいものは何だ、問題は何だというところを、地域の人々と一緒に考えていく方がいい。それを繰り返していれば、おのずから答えが出てくる。

市民病院の100人会議で「コミュニケーション日本一の病院」という基本理念が、市民の間から自然と立ち上がってきた。あの感じです。そういうものがあると、プロジェクトはうまくいきます。

佐藤さんは「クリエイティブであることは客観的であることとだ」とも言っています。ちょっと不思議ですよね。クリエイティブというのは何となく個性的なものだと思うのですが、客観的に引いてみた方が、そのものの本質が見えてきて、そこからクリエイトしていけるというのです。私の理想とするファシリテーターのあり方もこれと同じです。

組織の中で自由になる

勤め人の多くは、規則や人事、あるいは組織そのものの呪縛の中で、自由のない息苦しさを味わっているかもしれません。「組織と個人」の問題は、仕事をする上で、常にのしかかってきます。

一人でできることは限られています。大きくて複雑な問題を解決するには、組織が必要です。組織の中にいながら組織から自由でいられるか？「流しの公務員」はその実験でもあります。

勤め人の「呪縛」は、組織に寄りかかれる「安心感」とセットになっています。流しの公務員の「自由」は「孤独・不安」とセットになっています。常に自分の「弱い心」との闘いがある。

わたしはいつも不安です。なので、弱い心が膨らみ始めたら、二つのことを試みます。一つは、過去にいただいた嬉しいお葉書やお手紙を読み返すことです。ほとんどファイルしてあります。読んでいると、その方を思い出し、当時を思い出して、「大丈夫だ。やれるぞ！」という気になります。

もう一つは、トイレを磨いたり、道路のごみを拾ったりすることです。「人生の問題を解決するにはまず針箱から整理せよ」と英国の思想家、トーマス・カーライルが言っています。カーライルの言いたいこととは少し違うかもしれませんが、わたしは即物的に、針箱の中を整理しているとだんだん落ち着いてきて、頭の中が整理されるということを思い浮かべます。これは一心にトイレを磨いている時の心境に近い。常滑市の財政問題に立ち向かわねばならなかった時、１人でトイレ掃除をしたのも同じ心境でした。

組織にすがって生きてきた人は、そこから出ると不安に苛まれます。しかし、盤石だと思われていた会社が一瞬にしてひっくり返ることだってあります。会社に忠誠を誓って、ずっと面倒を見てくれるだろうと思っていたら、いきなり子会社に飛ばされることもある。

ではない。

「勤め人の安心感」と書きましたが、これもただの思い込みで、実はそんなに確かなもの

そういう意味では、実はフリーランスだって、「流しの公務員」だって、会社員だって1人であり、不安だと思います。仕事は不安と背中合わせです。

事に仕える

村上春樹は、マエストロ小澤と自分の共通点があると述べています。

「小澤さんが集中して楽譜を読んでいるのと同じ時間に、僕の場合は集中して文章を書いている。やっていることはぜんぜん違う。しかしその集中の深さに関しては、だいたい同じようなものではないだろうかとひそかに想像する。…僕にとって、もし人生からそのような集中力が失われてしまったとしたら、それはもはや自分の人生ではない。それについては小澤さんも、やはり同じ思いではないだろうか」

「人に仕えるのではなく、事に仕える」と序章で書きましたが、わたしが「事に仕える」というときのイメージはこれです。誰かに認められようとか、会社で出世しようとか、お金を稼ごうとか、そういうことじゃなくて、「やりたいことを、納得いくようにやる」にはどうしたらいいよいかということに、必死になっている感じです。

私の仕事は（　）です。

「あなたの仕事は何ですか？」と問われたら、「わたしの仕事は『山田朝夫』です」と答えられるようになりたい。

序章でこんな想いを紹介しました。「あの仕事はあの人しかできない」「公務員だけど、公務員じゃないみたい。一体彼の仕事は何なんだ」といわれることを思い浮かべての言葉です。

実はこういうことを言った人は前にもいます。

「ぼくの職業は寺山修司です」

詩人、歌人、演劇人、劇作家、シナリオライター、映画監督…。寺山修司は多分野で仕事をし、固定概念にとらわれない生き方をしました。どんな職業分類にも当てはまらない人です。

大御所と同じことを考えていたのは不遜だなとは思いますが、どんな仕事も同じではなく、それをやっているその人のものにほかならないと考えると、味わい深いフレーズです。

「私の仕事は（　　　　　　）です」

自分の姓名を入れてつぶやいてみてください。いろいろな事から自由になり、いい仕事ができるはずです。

あとがき

　わたしは、将来どんな職業に就こうなどということは全く考えず、のほほんと大学4年生になりました。遊んでいるように見えていた級友たちは、いつの間にか、弁護士とか、官僚とか、銀行とか、ちゃんと決めて準備している。自分だけ取り残されたような感じでした。

　なんとなく留年し、翌年なんとなく就活を始め、某銀行から内定をもらいました。当時はバブル直前の「売り手市場」です。内定者は、よそに行かないように「拘束」されました。東京中バスに乗せていろんなところを引き回してくれる。前年に開園した東京ディズニーランドにも、その時初めて行きました。男ばかり20人、リクルートスーツ姿です。ちょっと異様ですよね。

　わたしは、その「拘束」がすごく嫌だったんです。このまま一生拘束されるのかなと思って。それで「申しわけありませんけど、内定を取り消してください」と言いに行きました。ものすごく叱られました。それから公務員試験を受けようと思って勉強を始めました。

　「家裁の人」の原作者の毛利甚八さんは2015年に57歳の若さで急逝されました。曰杵市勤務時代に雑誌で対談した時、「桑田判事に影響されて今のわたしがあります」とお話しすると、「なんだか罪深いなあ」とおっしゃっていました。

自分で選んだ「流しの公務員」稼業ですが、これも結構大変です。新しい自治体や組織に行くと、いつも「完全アウェイ」からのスタートです。総務省にも「山田さんみたいな仕事がしたい」という若い人もいるのですが、「よい子はまねをしないように」と受け流します。（本当は、もっと多くの優秀な若者が現場で仕事ができる「しくみ」ができててほしいのですが…）


この本を出すに当たって、二村雄次先生、アイデアマンの久住町元助役の本郷幹雄さんや辛口の人、元岡健二さんと久しぶりに電話でお話をしました。

二村先生は、今年、全ての公職を引退されました。出版にはとても好意的で、最後に「しっかりやってくれ！」と激励していただきました。

本郷さんはその後、最後の久住町長を務めました。ちょうど裏山から戻ったところで、『いつも花の咲いている山』をつくるため苗木を植えている」と言っていました。

元岡さんの熊本市内の無農薬・有機野菜のレストラン「ティア」は、地震で大きな被害を受けましたが、これまで18年間築いてきたものを、「本当に身体と心に良いものを多彩に豊かに生活者に提供する」という理念のもとにスクラップアンドビルドして、「新生ティア」をつくる仕事に取り組まれています。

ちょうど原稿が出来あがった日、平松守彦元大分県知事の訃報に接しました。わたしに久住町でのプロジェクトを命じ、現場にのめり込むきっかけをつくってくださった方です。92歳の生涯。ご冥福をお祈りいたしました。

この本は、時事通信出版局社長の松永努さんとの出逢いから生まれました。わたしが常滑での仕事を終え、その「物語」を広く世の中に知ってほしいと思っていた矢先、総務省幹部から病院再生の話を聞いた松永さんが、わたしの前にこつ然と現われました。そして、わたしの話を長時間にわたって丹念に聴き、資料を読み込んでくれた上で、「あなたの話の本質は、組織の中にあって組織に拘束されない仕事の実践記録と、それに基づく仕事論ですね」と的確に問題を立て、自ら編集を担当してくださいました。

元環境省自然環境局長（現屋久島環境文化財団理事長）の小野寺浩さんには、この本の執筆や構成について、貴重なアドバイスをいただきました。

「人間は一生のうち逢うべき人には必ず逢える。しかも、一瞬早すぎず、一瞬遅すぎな

いときに」（森信三）

霞が関、鹿児島、大分、久住、臼杵、安城そして常滑。これまでの旅で出逢った多くの方々のおかげで、この本を最後まで書き上げることができました。お世話になったみなさんに、心から感謝いたします。

（２０１６年10月）

〈追記〉

本書を刊行して半年ほどがたった２０１７年４月、片岡市長からの強い要請を受けて、わたしは常滑市副市長に再度就任しました。今回は、市庁舎の耐震化などの新たな課題に取り組みます。それに加え、地震で大きな被害を受けた熊本市民病院の再建アドバイザーや臼杵市の庁舎建設場所を選定するための市民会議のアドバイザーもお引き受けすることになりました。「流しの公務員の冒険」は新たなステージに入ります。

（２０１７年４月）

おまけの物語

＜スーパーマン登場＞

病院での退任式は、２０１５年7月31日金曜日午後5時30分から1階のエントランスホールで行われた。150人以上の職員が集まっていた。クラーク・ケントは、愛用のマキタ製ハンディー掃除機を片手に執務室を出た。エントランスホールから手拍子とケント・コールが聞こえる。

彼がスーパーマンの姿で2階の踊り場に立つと、大爆笑と大拍手が沸き起こった。掃除機をかけながら階段を下り、職員と握手を交わしつつ正面玄関へと進む。掃除機のバトンを事務局長に渡した。これで引き継ぎは完了だ。市長や市役所職員そして市民ボランティアの顔も見えた。院長の送別の辞の後、最後のあいさつをするよう促された。

「いつの間にか新常滑市民病院のテーマソングになってしまった、いきものがかりの『風が吹いている』。あの歌の中で私が一番好きな部分は『託された〝今〟がある　歩むべき道がある　はじまりのつづきを生きている』というところです。50数年前に始まった常滑市民病院は、今みなさんに託された。みなさんは『歩むべき道』をしっかりと歩み、また次の世代にバトンを渡してほしい。後をよろしくお願いします」

彼は愛車アクア（色はコスチュームと同じブルー）に乗り込み、玄関前のロータリーを2周して、病院を後にした。多くの人々が手を振って見送ってくれた。

〈俺はいつも負けだ〉

早くクラーク・ケントに戻らなければならない。スーパーマンは街中で電話ボックスを探した。しかし、まったく見当たらない。「携帯の普及のせいだ。仕事のしにくい世の中になったものだな」しかたなく、旧病院の車庫でスーツに着替え、定宿のホテルにチェックインした。翌日は、まだ執務室の引っ越しの仕上げが残っている。

いくつもの送別の宴席を提案されたが、全て断っていた。本当はそっと消えるようにいなくなりたかった。しかし、先週の思いがけない「サプライズ・プレゼント」のおかげで、その返礼をしなければならなくなり、ついついこんな大ごとになってしまった。こんなことは、本意ではなかったのだ。

映画「荒野の七人」のラストシーン。戦いが終わり、味方も4人が倒れる。

若いガンマンは村娘と暮らすことを選択して村に残り、クリス（ユル・ブリンナー）とヴィン（スティーブ・マックイーン）は村を去る。クリスは丘の上から村を眺めて呟く。「長老の言う通りだ。勝ったのは農民たちだ。俺たちはいつも負けだ」

一人の夕食も寂しかったので、結局、看護師ら4人に付き合ってもらった。ケントは常滑の看護師が好きなのだ。楽しく飲んで食べて、ホテルへ戻ろうとすると、なぜか、そのうちの一人が「2次会へ行こう」と強引に誘う。しかたなくついて行った。

そして、駅前の居酒屋のドアを開けると、何と！約40人の看護師や事務局職員が拍手と歓声で出迎えてくれた。看護部は退任式後に研修会があり、それを終えてから、店で彼を待っていてくれたのだった。

〝倍返し〟のつもりが、最後はまたやられてしまった。彼は呟いた。「クリスの言う通りだ。勝ったのは看護師たちだ。俺はいつも負けだ」

―完―

「流しの公務員」年表

1961年10月	東京都港区青山生まれ
86年4月	東京大学法学部を３月に卒業し、自治省入省
7月	鹿児島県に赴任。地方課（行政係）、財政課（起債・警察予算担当）で勤務。屋久島に入り浸る
88年4月	東京に戻り、衆議院法制局勤務。静穏保持法制定、政治資金規正法改正等に関与
90年4月	自治省選挙課へ。公職選挙法改正（小選挙区比例代表制導入）で激務
91年8月	大分県に赴任。企画調整課主幹となる
91年8月	政府、小選挙区比例代表制導入を含む政治改革３法案を国会提出。廃案となり１０月、海部俊樹首相退陣
92年4月	情報化推進室長となり、（財）ハイパーネットワーク社会研究所の設立に携わる
93年4月	公害規制課長となる。平松守彦知事に「地球にやさしいむら」づくりを指示される
95年5月	財政課長となる
96年4月	東京に戻り、自治大学校教授となる。ヨーロッパ研修旅行で「シティ・マネージャー公募制」を知る
97年4月	「流しの公務員」の誕生。大分県久住町に赴任。理事兼企画調整課長となる。久住町消防団に入団
97年12月	「第１回久住町お掃除に学ぶ会」開催
98年6月	「久住街づくり検討委員会」でバイパス・ルート決定
99年12月	「久住の祭り in グランシアタ」公演
2001年4月	温泉付きの「白丹公民館」竣工
03年4月	久住町を退職し、大分県臼杵市へ。地域再生プロデューサーとして、臼杵城下のビルの「玉突き移転」による景観再生、立命館アジア太平洋大学との交流事業、特産のカボスの加工品開発などに取り組む
06年4月	臼杵市を退職し、愛知県安城市へ。副市長となる。「環境首都」づくりを担当し、ごみ減量や自転車専用道整備などに取り組む
10年4月	安城市を退職し、同県常滑市へ。参事となる
8月	事業仕分けを実施
12月	二村雄次先生、常滑市民病院を来訪し講話
11年5月	「みんなで創ろう！！新・常滑市民病院１００人会議」始まる
12年3月	新病院設計コンペ。日建設計を選定
3月	旧病院で「第１回病院祭」開催
4月	常滑市副市長となる。総務省を退職
8月	新病院「設計ワークショップ」始まる
13年2月	施工業者選定ECI方式コンペ。鹿島建設を選定。日建、鹿島とキックオフ・ミーティング
14年6月	新病院タイル壁画のデザイン決まる
15年4月	新病院竣工式
5月	新病院開院
7月	常滑市副市長を退任
8月	社会医療法人財団新和会八千代病院（安城市）理事兼法人事務部長
17年4月	常滑市副市長に復帰

【著者紹介】
山田 朝夫（やまだ あさお）

1961年、東京都港区生まれ。1986年、東京大学法学部卒業後、自治省入省。鹿児島県庁、衆議院法制局、自治省選挙課、大分県公害規制課長、同財政課長、自治大学校教授を経て、97年大分県久住町勤務。キャリア官僚として初めて町の一般職に。以後、「流しの公務員」を自称。大分県臼杵市地域再生プロデューサー、愛知県安城市副市長を経て2010年、同県常滑市参事。12年、同市副市長。苦境に陥っていた常滑市民病院を新築、再生させる。15年、社会医療法人財団新和会八千代病院（安城市）理事兼法人事務部長。17年、常滑市副市長に復帰。

流《なが》しの公務員《こうむいん》の冒険《ぼうけん》

2016年11月 7 日　初版発行
2017年 8 月21日　第5刷発行

著　者：山田　朝夫
発行者：松永　努
発行所：株式会社時事通信出版局
発　売：株式会社時事通信社
〒104-8178　東京都中央区銀座5-15-8
電話03（5565）2155　http://book.jiji.com

印刷／製本　中央精版印刷株式会社
装丁・デザイン　麒麟三隻館　花本浩一

日本音楽著作権協会（出）許諾第1610791-601
©2016　YAMADA, asao
ISBN978-4-7887-1492-2　C0036　Printed in Japan
落丁・乱丁はお取り替えいたします。定価はカバーに表示してあります。
★本書のご感想をお寄せください。宛先は mbook@book.jiji.com

時事通信社・刊

成功17事例で学ぶ自治体PR戦略――情報発信でまちは変わる

電通パブリックリレーションズ　編著　◆A5判オールカラー　一八四頁　本体一四〇〇円＋税

超高齢社会、人口減少、自治体の消滅……。センセーショナルな言葉がメディアをにぎわしている中、自治体におけるPRの重要性がますます高まっている。自治体が直面する社会的課題の解決にPRは必要不可欠であり、施策の成否はPRの成否に懸かっている。脱「広報」のススメ！

東京飛ばしの地方創生――事例で読み解くグローバル戦略

山﨑　朗・久保隆行　著　◆四六判　二九二頁　本体一六〇〇円＋税

人口減少が避けられない中で、地域需要や国内需要に依存していたのでは、いずれ負の連鎖に陥る。豊富な事例を紹介・分析しながら、グローバル化による地方創生の方策を示す。『里山資本主義』の藻谷浩介氏も推薦！「島国に引きこもるな。国際的視野を持て！」

トランプ大統領とダークサイドの逆襲――宮家邦彦の国際深層リポート

宮家邦彦　著　◆四六判変形　二六四頁　本体一二〇〇円＋税

トランプを米大統領に押し上げ、英国のEU離脱をもたらした民衆の不満。スター・ウォーズの「ダース・ベイダー」が陥ったような人間の暗黒面「ダークサイド」が世界を覆っている。トランプで激変する世界。「ダークサイド」「諸帝国の逆襲」をキーワードに米国、ロシア、中国、欧州、中東をQ&A方式でやさしく読み解く！